高等职业教育汽车运用与维修技术专业规划教材

Qiche Danpianji ji Juyuwang Jishu
汽车单片机及局域网技术

（第2版）

交通职业教育教学指导委员会　组织编写
方　文　主　编
李　虎　主　审

人民交通出版社股份有限公司
China Communications Press Co.,Ltd.

内 容 提 要

本书是高等职业教育汽车运用与维修技术专业规划教材。主要内容包括：汽车单片机的认知、汽车单片机局域网基础、汽车局域网中的总线、车载网络系统通信、动力CAN总线控制系统的维修、舒适CAN总线控制系统的维修、LIN总线控制系统的维修、MOST总线控制系统的维修，共8个学习任务。

本书供高等职业院校汽车运用与维修技术、汽车电子等专业教学使用，同时可供汽车维修人员学习参考。

图书在版编目(CIP)数据

汽车单片机及局域网技术／方文主编．—2版．—北京：人民交通出版社股份有限公司，2018.5

ISBN 978-7-114-13496-8

Ⅰ．①汽… Ⅱ．①方… Ⅲ．①汽车—单片微型计算机—高等职业教育—教材②汽车—局域网—高等职业教育—教材 Ⅳ．①U463.6

中国版本图书馆CIP数据核字(2018)第047352号

书　　　名：	汽车单片机及局域网技术（第2版）
著　作　者：	方　文
责任编辑：	时　旭
责任校对：	张　贺
责任印制：	张　凯
出版发行：	人民交通出版社股份有限公司
地　　址：	(100011)北京市朝阳区安定门外外馆斜街3号
网　　址：	http://www.ccpcl.com.cn
销售电话：	(010)59757973
总　经　销：	人民交通出版社股份有限公司发行部
经　　销：	各地新华书店
印　　刷：	北京市密东印刷有限公司
开　　本：	787×1092　1/16
印　　张：	7.5
字　　数：	174千
版　　次：	2005年8月　第1版 2018年5月　第2版
印　　次：	2021年12月　第2版　第2次印刷　总第11次印刷
书　　号：	ISBN 978-7-114-13496-8
定　　价：	20.00元

(有印刷、装订质量问题的图书由本公司负责调换)

交通职业教育教学指导委员会
汽车运用与维修专业指导委员会

主 任 委 员：魏庆曜
副主任委员：张尔利　马伯夷
委　　　员：王凯明　王晋文　刘　锐　刘振楼
　　　　　　　刘越琪　许立新　吴宗保　张京伟
　　　　　　　李富仓　杨维和　陈文华　陈贞健
　　　　　　　周建平　周柄权　金朝勇　唐　好
　　　　　　　屠卫星　崔选盟　黄晓敏　彭运均
　　　　　　　舒　展　韩　梅　解福泉　詹红红
　　　　　　　裴志浩　魏俊强　魏荣庆

第2版前言

随着汽车工业以及自动化程度的发展,现代汽车中所使用的电子控制系统和通信系统越来越多,如发动机电控系统、自动变速器控制系统、防抱死制动系统(ABS)、自动巡航系统(ACC)和车载多媒体系统等。汽车上的电子部件共同构成控制器区域网络,有效实现实时数据通信和控制信息共享,广泛应用于车辆控制系统。目前,汽车的单片机技术、局域网技术已经成为汽车控制技术的核心,汽车单片机及局域网技术也已经成为汽车运用与维修专业一门很重要的课程,这门课程所包含的知识和技能也是该专业的学生必须掌握的。

本教材的特点如下:

(1)理实一体化。每个学习任务既有系统的理论知识讲解,也设置了一些实操性较强的实训项目,让学生掌握一些基本的测量、修复及故障排除方法和技能,并进一步巩固理论知识。

(2)图文并茂,图片多从实车上拍摄或从检测仪器中截屏,更加直观。

(3)教材内容以国内保有量较大的大众迈腾、速腾车型为例介绍,车型具有全国普适性。

参加本书编写工作的有四川交通职业技术学院方文(编写学习任务5、6、7)、文红专(编写学习任务2、3、4)、黎敏(编写学习任务1)和冯波(编写学习任务8)。全书由方文担任主编并统稿,文红专担任副主编,重庆长安汽车股份有限公司李虎担任本书主审。

限于编者经历和水平,希望各教学单位在积极选用的同时,及时提出修改意见和建议,以便再版时改正。

编 者
2018年1月

目 录

学习任务1　汽车单片机的认知 1
　一、知识准备 2
　二、任务实施 23
　　　项目　定时延时电路实训 23
　三、学习评价 25
　四、拓展学习 25

学习任务2　汽车单片机局域网基础 27
　一、知识准备 27
　二、任务实施 36
　　　项目　找出大众迈腾轿车各个控制系统中的传感器、执行器和控制单元 36
　三、学习评价 37
　四、拓展学习 38

学习任务3　汽车局域网中的总线 39
　一、知识准备 40
　二、任务实施 46
　　　项目1　画出大众迈腾轿车的CAN-BUS、LIN-BUS网络拓扑图 46
　　　项目2　测量大众迈腾轿车的CAN-BUS、LIN-BUS电压 47
　　　项目3　测量大众迈腾轿车的驱动系统CAN-BUS电阻 48
　三、学习评价 49
　四、拓展学习 49

学习任务4　车载网络系统通信 51
　一、知识准备 52
　二、任务实施 64
　　　项目　检查车辆诊断通信网络 64

三、学习评价 ·· 65
　　四、拓展学习 ·· 66

学习任务 5　动力 CAN 总线控制系统的维修　68

　　一、知识准备 ·· 69
　　二、任务实施 ·· 76
　　　　项目 1　测量大众速腾轿车动力 CAN 总线系统中控制单元的终端电阻值 ············ 76
　　　　项目 2　用示波器测量大众速腾轿车动力 CAN 总线的波形图 ···························· 77
　　　　项目 3　用示波器测量大众迈腾轿车动力 CAN 总线的波形图 ···························· 78
　　三、学习评价 ·· 82
　　四、拓展学习 ·· 82

学习任务 6　舒适 CAN 总线控制系统的维修　84

　　一、知识准备 ·· 85
　　二、任务实施 ·· 91
　　　　项目 1　排除速腾轿车右前门窗不能升降的故障 ·· 91
　　　　项目 2　用示波器测量大众迈腾轿车动力 CAN 总线的波形图 ···························· 92
　　三、学习评价 ·· 96
　　四、拓展学习 ·· 96

学习任务 7　LIN 总线控制系统的维修　98

　　一、知识准备 ·· 98
　　二、任务实施 ·· 102
　　　　项目 1　用示波器测量大众速腾轿车刮水器电动机单元 LIN 总线的波形图 ········ 102
　　　　项目 2　观察断开大众迈腾轿车车门控制单元 LIN 总线的现象 ························ 103
　　三、学习评价 ·· 104
　　四、拓展学习 ·· 105

学习任务 8　MOST 总线控制系统的维修　106

　　一、知识准备 ·· 106
　　二、任务实施 ·· 108
　　　　项目　使用专用工具 VAS6223A 修复光纤插头 ·· 108
　　三、学习评价 ·· 109
　　四、拓展学习 ·· 110

参考文献 ·· 112

学习任务 1　汽车单片机的认知

工作情境描述

顾客发现其车辆无法起动，送至 4S 店进行维修。经车间相关人员鉴定后，发现按下起动按钮后，车辆无法起动，但能听到起动机工作的声音，车辆无着火。根据故障现象，结合故障代码，进行故障分析，最终诊断出故障原因是汽车发动机 ECU 损坏。

学习目标

通过本任务学习，应能：
1. 描述汽车单片机控制系统的类型及控制项目。
2. 描述汽车单片机的组成和工作必要条件。
3. 描述汽车单片机控制系统组成及各部分的功用。
4. 分析汽车发动机控制系统工作原理。
5. 读取发动机控制系统故障码并进行故障分析。

学习时间

10 学时。

学习引导

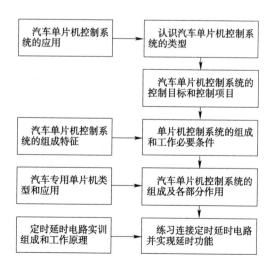

一、知识准备

(一)汽车单片机控制系统的应用

随着电子工业的发展,电子控制技术在汽车上的应用越来越广泛,如图1-1所示。新型车用电子装置犹如雨后春笋般涌现,特别是大规模集成电路和微电子技术的应用,给汽车控制装置带来了划时代的变革。现代汽车大多采用以单片机为控制核心的高度自动化的实时自动控制系统,在优化发动机的动力性、节约能源、行驶安全和减少污染等方面起着重要作用。

图1-1 汽车电控系统中单片机的应用

汽车单片机控制系统种类繁多、形式各异,一般可按控制系统的控制目标和控制对象进行分类。

1. 按控制目标分类

根据控制目标不同,汽车单片机控制系统可分为动力性、经济性与排放性、安全性、舒适性、操纵性和通过性六种类型。其中,经济性与排放性控制系统具有双重功能,既能降低燃油消耗量,又能减少有害物质的排放量。

2. 按控制对象分类

根据控制对象不同,汽车单片机控制系统可分为发动机电子控制系统、底盘电子控制系统和车身电子控制系统三大类。详情见表1-1。

学习任务1 汽车单片机的认知

汽车单片机控制系统的控制目标与控制项目　　　　　表1-1

类型	控制目标	系统名称	主要控制项目
发动机电子控制系统	动力性	发动机燃油喷射系统（EFI）	喷油时刻（提前角）；喷油量（持续时间）；喷油顺序；喷油器；燃油泵
		微机控制点火系统（MCI）	点火时刻（点火提前角）；点火导通角
		爆震控制系统（EDCS）	点火提前角
		怠速控制系统（ISCS）	怠速转速
		电子控制自动变速系统（ECT）	发动机输出转矩；液力变矩器锁止时机
		发动机进气控制系统（IACS）	切换进气通路提高充气效率；可变气门定时
		涡轮增压控制系统（ETC）	泄压阀控制；废气涡轮增压器控制
		控制器局域网（CAN）	发动机电子控制单元（EEC）、自动变速器电子控制单元（ECT ECU）、防抱死制动电子控制单元（ABS ECU）等
	经济性与排放性	空燃比反馈控制系统（AFC）	空燃比
		断油控制系统（SFIS）	超速断油；减速断油；清除溢流
		电子控制废气再循环系统（EGR）	排气再循环率
		燃油蒸气回收系统（FECS）	活性炭罐电磁阀控制
底盘电子控制系统	安全性	防抱死制动系统（ABS）	车轮滑移率；车轮制动力
		电子控制制动力分配系统（EBD）	车轮制动力
		电子控制制动辅助系统（EBA）	车轮制动力
		车身稳定性控制系统（VSC）	车轮制动力；车身偏转角度
		驱动轮防滑转调节系统（ASR）	发动机输出转矩；驱动轮制动力；防滑转差速器锁止程度
		安全气囊控制系统（SRS）	气囊点火器点火时机；系统故障报警控制
		座椅安全带紧系统（SRTS）	安全带紧器点火时机
车身电子控制系统	安全性	雷达车距报警系统（RPW）	车辆距离；报警；制动
		前照灯光束控制系统（HBAC）	焦距；光线角度
		安全驾驶监控系统	驾驶时间；转向盘状态；驾驶员脑电图、体温和心率
		防盗报警系统（GATA）	报警；遥控门锁；数字密码点火开关；数字编码门锁；转向盘自锁
		电子仪表系统	汽车状态信息显示与报警
		故障自诊断测试系统（OBD）	故障报警；故障代码存储；部件失效保护；故障应急运行

续上表

类型	控制目标	系统名称	主要控制项目
汽车单片机控制系统	舒适性	电子调节悬架系统(EMS)	车身高度;悬架刚度;悬架阻力;车身姿态(点头、侧倾、俯仰)
		座椅位置调节系统(SAMS)	向前、向后方向控制;向上、向下高低控制
		自动空调系统(AHVC)	通风;制冷;取暖
		CD音响、DVD播放机	娱乐欣赏
		信息显示系统(IDS)	交通信息;电子地图
		车载电话(CT)	通信联络
		车载计算机(OBC)	车内办公
	操纵性	电子控制动力转向系统(EPS)	助力油压、气压或电动机电流控制
		巡航控制系统(CCS)	恒定车速设定;安全(解除巡航状态)
		中央门锁控制系统(CLCS)	门锁遥控;门锁自锁;玻璃升降
	通过性	驱动防滑控制系统(ASR)	发动机输出转矩;驱动轮制动力;防滑转差速器锁止程度
		中央轮胎充放气系统(CTIS)	轮胎气压
		自动驱动管理系统(ADM)	驱动轮驱动力控制
		差速器锁止控制系统(VDLS)	防滑转差速器锁止程度控制

汽车单片机控制系统为了能实现不同的控制功能,系统的组成不尽相同。图1-2所示是汽车单片机控制系统基本组成结构图,其共同特征都是由传感器(感感元件)与开关信号、电子控制单元(ECU)和执行器(执行元件)三部分组成。其中的电子控制单元就是以单片机为核心的ECU(Electronic Control Unit),各生产厂家的称谓有所不同,有的称为处理机控制装置——MCU,有的称为电子控制组件——ECM。在汽车修理行业,习惯上称为汽车电脑。

图1-2 汽车单片机控制系统的基本组成

(二)汽车单片机概述

1. 单片机基本概念

单片机SCMC(Single Chip Micro Computer)是单片微型计算机的简称,是微型计算机的一个重要分支。单片机是指将中央处理器CPU(Central Processing Unit)、存储器(Memory)、定时器/计数器、输入/输出(I/O)接口电路等主要计算机部件集成在一块集成电路芯片上的微型计算机,其基本结构如图1-3所示。

单片机体积小、质量轻、能耗低,广泛应用在家用电器、智能仪表、自动检测、机电设备和汽车等各个方面的自动控制中。由于它的结构与指令功能都是按照工业控制要求设计的,所以又称为微控制单元MCU(Micro-Controller Unit)。典型的单片机实物封装如图1-4的所示。

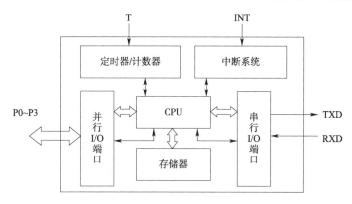

图1-3 单片机基本结构框图

a)双列直插式封装(DIP)　　　b)方型封装(PLCC或QFP)

图1-4 单片机的实物封装

2.单片机的工作原理

单片机并不神秘,实际上,它只是一个工具。通过分析人们如何利用算盘这种工具来解题的过程,就很容易了解单片机的解题过程和基本的结构组成。

例如,一个学生某次考试中7门功课的成绩分别为:95分、80分、100分、78分、92分、88分、94分,现在要计算该学生的总分和平均成绩。

第一步:将获取的成绩分数记在纸上,当作输入信息。

第二步:根据题意想好计算方法和步骤,并记录下来。

第三步:在算盘上根据想好的计算步骤进行计算,先将7门成绩分数求和为627分,记录总分数;然后再做除法运算得平均成绩。

第四步:将算盘上的最后计算结果抄到纸上,作为输出信息。计算过程结束。

分析以上过程,可知人们利用算盘进行计算时,必须具有:

(1)运算装置:算盘。

(2)记录(存放)计算步骤和计算结果的装置:纸张和笔。

(3)控制装置:上述计算过程都是在人脑的控制下,由手去执行。

(4)输入输出装置。

计算机的计算过程与人用算盘计算的过程相类似,只不过是由机器代替了人。因此,计

算机也必须具有以下装置:

(1)运算装置:运算器——能进行数字运算,相当于上例中的算盘。

(2)记录(存放)计算步骤和计算结果的装置:存储器——能保存和记录原始数据、计算步骤、中间结果和最后结果,相当于纸和笔。

(3)控制装置:控制器——能根据人们预先编好的一系列计算命令(由编程软件编写),统一指挥计算机各部分的工作。

(4)输入输出装置:输入/输出设备——输入设备把要计算题目的计算步骤、原始数据等直接送到计算机的存储器内;输出设备则以人们能理解的形式,把计算结果从计算机内取出,例如显示在显示器上或者用打印机打印在纸上。

因此,上述的运算器、存储器、控制器和输入/输出设备等就成了单片机的基本结构。

3. 单片机的组成

MCS-51 单片机是指美国 Intel 公司生产的兼容的一系列单片机的总称,8051 是 MCS-51 单片机中早期的典型产品,基本内部硬件结构如图 1-5 所示。

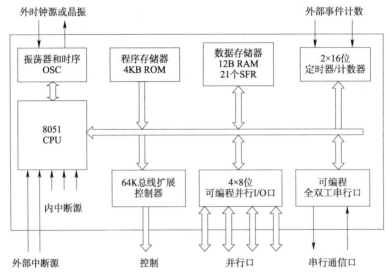

图 1-5　8051 单片机的内部硬件结构

1)中央处理器(Central Processing Unit,CPU)

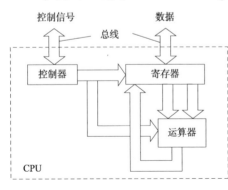

图 1-6　CPU 结构框图

单片机解决任何问题,都要先把问题的解法分解为非常简单的一些步骤,再按这些步骤的规定去操作,最后得到问题的答案。通常要将指令和数据编写成一个相互联系的程序,在机器内部是以二进制编码形式表示的。单片机就是按程序执行相应的操作。

CPU 是单片机的控制核心,由运算器、控制器和寄存器组成,结构如图 1-6 所示。

CPU 根据程序中的一条条指令,控制计算机各部分协调的工作,完成对数据进行加工和处理的任务。运算器的主要功能是对数据进行各种基本算术运算及基本逻辑运算,数据的比较、移位等操作。控制器相当于人的大脑,它的主要功能是控制和协调整个单片机的动作。为了提高单片机的效率,CPU 内部还包括一组寄存器,例如指令计数器、指令寄存器等。寄存器是由一些高速电子线路构成,其存取速度比读写存储器要快。

2)存储器

在单片机中,存储器是用来存储程序指令和数据的部件。存储器是由许多具有记忆功能的存储电路构成的,每个记忆存储电路存储 1 个二进制信息(0 或 1),称为存储器的存储位(Bit),每 8 个记忆存储电路构成存储器的一个基本单元,存储 8 位二进制信息,称为存储字节(Byte)。

存储器按读写操作原理可分为:只读存储器 ROM(Read Only Memory)和随机存取存储器 RAM(Random Access Memory)。存储器按功能可分为程序存储器和数据存储器。按构成材料可分为半导体存储器和磁质存储器。

(1)内部程序存储器(Read-Only Memory,ROM)。

指令下载到单片机后,就放在 ROM 中。ROM 又称为只读存储器,所谓只读,就是只可以从里面读出数据,而不能写进去,它类似于我们的书本,发到我们手里之后,我们只能读里面的内容,不可以随意更改书本上的内容。所以,ROM 用来存储固定数据以及各种永久性的程序和永久性、半永久性的数据,如电子控制燃油喷射发动机系统中的一系列控制程序软件、喷油特点、点火控制特性以及其他特性数据等。这些信息资料一般都是在制造时由厂家一次性存入,使用时无法改变其中的内容。单片机工作时,新的数据不能存入 ROM 中,需要时可读出存入的原始数据资料。当电源切断时,存入 ROM 的信息也不会丢失,通电后又可以立即使用。由于这种存储器多是在制造厂大批量生产,所以成本较低,价格便宜。8051 内部共有 4KB 的掩膜 ROM。

为便于使用,另外还设计有几种不同类型的可编程的 ROM,应用在需要时常修改重要数据的场合。例如汽车里程表的数据存储,根据需要更改汽车里程数据时,需要将原来存储的数据擦掉,写入新的数据。

PROM,称之为可编程存储器。就像练习本,买来的时候是空白的,可以写东西上去,可一旦写上去,就擦不掉了,所以它只能写一次,要是写错了,就报废了。

EPROM,称之为紫外线擦除的可编程只读存储器。它里面的内容写上去之后,如果觉得不满意,可以用一种特殊的方法去掉后重写,这就是用紫外线照射,紫外线就像"消字灵",可以把字擦除,然后再重写,可以擦除的次数约为几百次。

FLASH,称之为闪速存储器。它和 EPROM 类似,写上去的东西也可以擦掉重写,但它更方便,不需要光照,只要用电学方法就可以擦除,而且允许擦写次数可达 10 万次。

再次强调,这里的所有的写都不是指在正常工作条件下。不管是 PROM、EPROM 还是 FLASH ROM,它们的写都要有特殊的条件,是用一种称之为"编程器"的设备来做这项工作的,一旦把它装到它的工作位置,就不能随便改写了。

(2)内部数据存储器(Random Access Memory,RAM)。

RAM 是一种既可以随时改写,也可以随时读出里面数据的存储器,类似于我们上课用的黑板,可以随时写东西上去,也可以用黑板擦随时擦掉重写,它也是单片机中重要的组成部分,单片机中有很多的功能寄存器都与它有关。RAM 在单片机中起暂时存储信息的作用,主要用来存储单片机操作时的可变数据,如用来存储单片机输入/输出数据和计算过程中产生的中间数据等。根据需要 RAM 中的数据可随时调出或被新的数据所代替(改写)。而且,当电源切断时,所有存入 RAM 的数据均完全消失。所以,在发动机电脑中,为了使存入发动机运行中的一些数据能较长期地保存,如故障代码、空燃比学习修正值等,防止因点火开关关断时,造成数据丢失,一般这些 RAM 都通过专用电源后备电路与蓄电池直接连接,使它不受点火开关的影响。当然,如果电源后备专用电路断开或蓄电池上的电源线被拔掉时,存入 RAM 的数据就会丢失。

8051 内部共有 256 个 RAM 单元,其中高 128 个单元被特殊功能寄存器 SFR 分散占用,低 128 个单元才供用户使用,所以,通常所说的内部数据存储器就是指低 128 个单元。

3) 时钟电路

单片机执行指令的过程就是一条一条的按顺序从 ROM 中取出指令,然后进行一系列的微操作控制,来完成各种指定的动作。这一系列微操作控制信号在时间上要有一个严格的先后次序,这种次序就是单片机的时序。就好比学校上课时用的电铃,为了保证课堂秩序,学校就必须在铃声的统一协调下安排各个课程和活动。而为了保证单片机各动作的同步协作,电路就要在唯一的时钟信号控制下按时序进行工作。单片机内的时钟信号是由时钟电路来产生的,时钟电路就相当于是单片机的心脏。

8051 内部就有时钟电路,只需要外接石英晶体和微调电容即可,晶振的频率通常选择 6MHz、12MHz、11.0592MHz。除了内部时钟方式外,单片机还可以采用外部引入时钟的振荡方式。当我们的系统由多片单片机组成时,为了保证各单片机之间时钟信号的同步,就应当引入唯一的公用的外部脉冲信号作为各单片机的时钟脉冲信号。

4) 输入/输出(I/O)接口

接口是一种在单片机和外围设备之间控制数据流动和数据格式的电路。单片机要通过外部设备与外界联系。例如,在发动机的优化控制中,CPU 要在极短的时间内对发动机的许多工况(通过传感器)进行巡回检测,另外 CPU 又要对点火提前角、燃油喷射、自动变速等进行自动控制和优化控制。这些传感器和控制设备与单片机连接时,必须有其专用的接口电路,才可以把输入/输出设备接收和发送的数据与单片机所能处理的数据格式匹配起来,同时还向单片机传送各种状态的信息,如"准备就绪""采样结束""繁忙"等。另外,接口电路还要协调单片机和外围设备连接之前工作速度的差异。总之,外围设备必须通过各种接口和输入/输出总线与单片机相连接,而单片机对外围设备的控制和信息的交换也要通过接口来实现。不同的外部设备要求不同功能的接口,接口的结构多种多样,大致分为并行和串行两种。

(1) 并行 I/O 口。

并行 I/O 口是指可以同时传输两位或两位以上的数据的接口。采用并行传输方式通信时,多位数据的各个位同时传送,如图 1-7 所示。单片机内部几乎都是采用并行传输方式。由于 CPU 与外部设备的速度不同,外部设备的数据线不能直接接到总线上。为使 CPU 与外部设备的动作匹配,两者之间需要缓冲器和锁存器用于暂时保存数据。

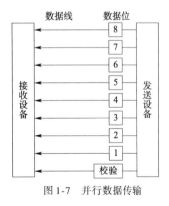

图 1-7 并行数据传输

8051共有4个8位的并行I/O口。

（2）串行口。

串行传输是指一次传输一位数据，如图1-8所示。以串行传输方式通信时所使用的接口叫串行接口，由接收器、发送器和控制器三部分组成。接收器把外部设备送来的串行数据变为并行数据送到数据总线；发送器把数据总线上的并行数据变为串行数据发送到外部设备去。控制器就是控制上述两种变换过程的电路。串行接口的主要用途就是进行串/并、并/串转换。

8051内部有一个全双工异步串行口，可做全双工异步通信收发器的使用。

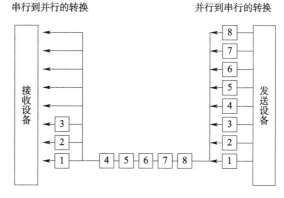

图1-8 串行数据传输

5）定时/计数器

单片机中的定时器和计数器其实是具有相同物理性质的电子器件，都是对单片机中产生的脉冲进行计数。只不过计数器是单片机接收外部触发的脉冲，定时器是接收单片机内部在晶振的触发下产生的非常稳定的脉冲。8051内部有两个16位的定时/计数器，当定时器达到规定定时时间或计数器计数数量时，相应的溢出标志将置位，产生内部中断。

6）中断系统

什么是中断呢？我们从一个生活中的例子引入。假如，你正在家中看书，突然电话铃响了，你放下书本，去接电话，与来电话的人交谈，然后放下电话，回来继续看书。这就是生活中的"中断"现象。

从单片机的角度来描述，当CPU正在处理某项事务的时候，如果外部或内部发生了紧急事件，要求CPU暂停正在处理的工作而去处理一项紧急事件，处理完后再回到原来中断的地方，继续执行原来被中断的程序，这个过程就叫作"中断"。引起中断的原因称之为中断源。8051内部一共有5个中断源：2个外部中断源，2个计数/定时器中断源，1个串行口中断源。当同时收到多个中断请求时，响应哪个中断请求要取决于内部规定的优先权顺序。

单片机的中断系统是其重要的组成部分，实时控制、故障自动处理、单片机与外转设备间传送数据及实现人机联系都常采用中断方式。中断系统的应用可以使单片机的功能更强、效率更高，使用更加方便灵活。

7）总线

总线是微机内部传递信息的电路连线。在单片机内部，CPU、ROM、RAM与I/O接口之间的信息交换都是通过总线来实现的。按传递信息不同，总线可分为数据总线、地址总线和控制总线三种。

（1）数据总线。它主要用于传送数据与指令。数据总线的导线数与数据的位数一一对应。例如，16位微机，其数据总线就有16根导线。

（2）地址总线。它用于传递地址数码。在微机内，各器件之间的通信主要是靠地址数码进行联系。例如，当需要存入或读出存储器中某个单元的数据时，必须先将该单元的地址数码送到地址总线上，然后才能送出读取指令或写入指令完成读出或写入操作。地址总线的导线数与地址数码的位数及地址数码的传送方式（并行或串行传送）有关。

（3）控制总线。微机中的器件都与控制总线连接，CPU可以通过控制总线随时掌握各个器件的状态，并根据需要随时向某个器件发出控制指令。

4. 51单片机的外部引脚

8051作为早期典型的51单片机，采用标准的40引脚双列直插式封装，引脚排列如图1-9所示，引脚功能见表1-2。

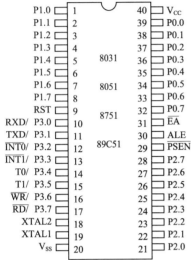

图1-9 8051单片机的引脚示意图

8051单片机的引脚功能 表1-2

引脚名称	引脚功用	引脚名称	引脚功用
P0.0 ~ P0.7	P0口8位双向I/O口线	$\overline{EA}$	访问程序存储控制信号
P1.0 ~ P1.7	P1口8位双向I/O口线	RST	复位信号
P2.0 ~ P2.7	P2口8位双向I/O口线	XTAL1和XTAL2	外接晶体引线端
P3.0 ~ P3.7	P3口8位双向I/O口线	V_{CC}	+5V电源
ALE	地址锁存控制信号	V_{SS}	搭铁线
$\overline{PSEN}$	外部ROM读选通信号		

由于工艺及标准化等原因，芯片的引脚数目是有限的。为了满足实际需要，部分信号引脚被赋予双重功能，即第一功能和第二功能。最常用的是8条P3口线所提供的第二功能，见表1-3。

P3口的功能 表1-3

第一功能	第二功能	第二功能信号名称
P3.0	RXD	串行数据接收
P3.1	TXD	串行数据发送
P3.2	$\overline{INT0}$	外部中断0申请
P3.3	$\overline{INT1}$	外部中断1申请
P3.4	T0	定时/计数器0的外部输入
P3.5	T1	定时/计数器1的外部输入
P3.6	$\overline{WR}$	外部RAM或外部I/O写选通
P3.7	$\overline{RD}$	外部RAM或外部I/O读选通

5. 单片机工作的必要条件

单片微型计算机系统要真正能够运行起来,需要硬件系统和软件系统的支持。图 1-10 是单片微型计算机系统结构框图。

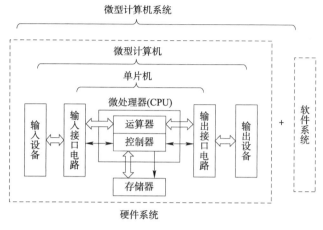

图 1-10 单片微型计算机系统结构框图

1)单片机硬件系统

在单片机的应用中,以单片机芯片为核心组建的一个能完成特定应用功能的硬件组合实体,它能在我们为它所编制的程序下完成预定的任务,称为单片机的硬件系统,如图 1-11 所示。

2)单片机软件系统

软件是相对硬件而言的,它是指由单片机硬件执行,用来完成一定任务的所有程序及数据,即为运行、管理和维护单片机所编制的程序的总和。

软件系统包括系统软件、应用软件和程序设计语言,例如 Windows XP、Office XP 和 C 语言等。单片机应用系统有三种编程方式:机器语言、汇编语言和高级语言。

图 1-11 单片机硬件系统实物

3)单片机的最小系统电路

单片机的工作就是执行用户程序、指挥各部分硬件完成既定任务。如果一个单片机芯片没有烧录用户程序,显然它就不能工作。可是,一个烧录了用户程序的单片机芯片,给它通电后就能工作吗?也不能。原因是除了单片机外,单片机能够工作的最小电路还包括时钟和复位电路,通常称为单片机最小系统电路。

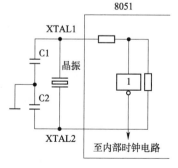

图 1-12 时钟振荡电路

时钟电路为单片机工作提供基本时钟,如图 1-12 所示。复位电路用于将单片机内部各电路的状态恢复到初始值,如图 1-13 所示。图 1-14 电路中包含了典型的单片机最小系统电路。

6. 集成 CAN 控制器的单片机 P87C591

P87C591 是一个单片 8 位高性能微控制器,具有片内 CAN

控制器,是 MCS-51 微控制器家族中非常优秀的一员。它采用了 MCS-51 指令集,并成功地包含了 Philips 半导体 SJA1000CAN 控制器强大的 PeliCAN 功能。P87C591 全静态内核提供了扩展的节电方式,振荡器可停止和恢复而不会丢失数据。P87C591 微控制器以先进的 CMOS 工艺制造,并设计广泛应用于汽车和通用的工业中。除了 MCS-51 系列单片机的标准特性之外,器件还为这些应用提供了许多专用的硬件功能。

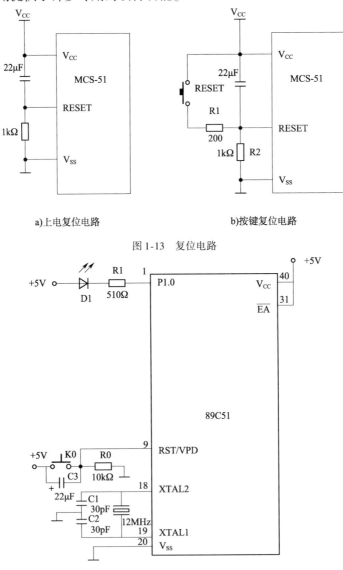

图 1-13 复位电路

图 1-14 典型的单片机最小系统电路

1) P87C591 特性

(1) 16Kb 内部 OTP 程序存储器 ROM,512B 片内数据 RAM。

(2) 3 个 16 位定时/计数器 T0、T1 和 T2(捕获和比较),1 个片内看门狗定时器 T3。

(3) 带 6 路模拟输入的 10 位 ADC,可选择快速 8 位 ADC。

(4) 增强性能的 6CLK 加速指令周期 500ns(12MHz 时钟)。

(5) 2 个 8 位分辨率的脉宽调制输出(PWM)。

(6) 具有 32 个可编程 I/O 口。

(7) 带硬件 I²C 总线接口。

(8) 全双工增强型 UART 带有可编程波特率发生器。

(9) 双 DPTR。

(10) 可禁止 ALE 实现降低 EMI。

(11) 低电平复位信号。

(12) 增强型 PeliCAN 内核。

(13) 增强的温度范围：-40~85℃。

(14) 提供 PLCC44 和 QFP44 封装，如图 1-15 所示。

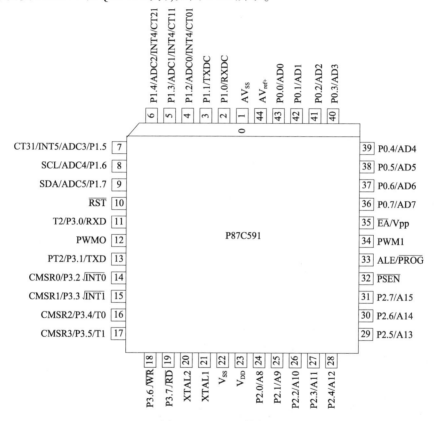

图 1-15　P87C591 管脚图

图 1-16 所示为 P87C591 的方框图，P87C591 除了包含标准的外围功能以外，还包含了一个强大的 CAN 控制器模块。

2) 嵌入式 CAN 控制器模块

该嵌入式 CAN 控制器包括了下列功能模块：

(1) CAN 内核模块根据 CAN2.0B 规范控制 CAN 帧的发送和接收。

(2) CAN 接口包含 5 个实现 CPU 与 CAN 控制器连接的特殊功能寄存器。对重要 CAN 寄存器的访问通过快速自动增加的寻址特性和对特殊功能寄存器的位寻址来实现。

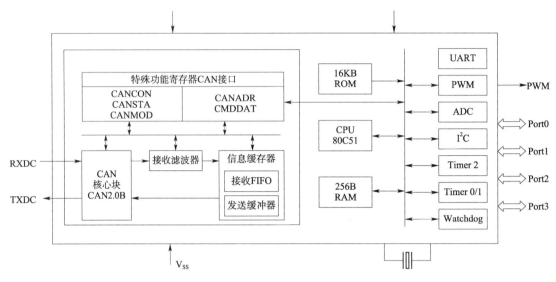

图 1-16　P87C591 方框图

（3）CAN 控制器的发送缓冲区能够保存一个完整的 CAN 信息(扩展或标准帧格式)。只要通过 CPU 启动发送,信息字节就从发送缓冲区传输到 CAN 内核模块。

当接收一个信息时,CAN 内核模块将串行位流转换成并行数据输入到接收滤波器,通过该可编程滤波器 P87C591 确定实际接收到的信息。

所有由接收滤波器接收的数据都保存在接收 FIFO 中,取决于操作模式和数据长度的不同,最多可保存 21 个 CAN 信息。这使用户在指定系统的中断服务和中断优先级时有更多的灵活性,因为数据溢出的可能性大大降低了。

如图 1-17 所示,为将 P87C591 设计成在最少数量的外部元件下工作,图中 P87C591 的 CAN 节点电路所需要的外部元件,仅仅是一个晶振加两个电容驱动片内振荡器,一个连接到复位脚的电容(使用片内复位电路),以及一个收发器用于将 P87C591 连接到 CAN 总线。

7. 汽车单片机的类型及应用

单片机分为通用型单片机和专用型单片机。专用型单片机是指用途比较专一,出厂时程序已经一次性固化好,不能再修改的单片机。通用型单片机是把片内的所有资源全部提供给用户使用,用途很广泛,使用不同的接口电路和编制不同的应用程序就可实现不同的功能。通常所说的都是通用型单片机。

世界上的单片机生产厂商很多,各厂家的芯片名称、性能指标等也不尽相同。从基本操作处理的数据来看,单片机又可分为 4 位单片机、8 位单片机、16 位单片机和 32 位单片机。目前,汽车上用的主要是 8 位单片机和 16 位单片机,也有一些轿车上开始使用 32 位单片机。

摩托罗拉公司是世界上生产单片机的大厂商,开发了很多单片机,广泛用于汽车电控发动机、车身、乘员安全、车门和座椅、车窗、通风和空调、天窗和灯光控制、汽车局域网的网关、通信设备、全球定位系统及其他汽车控制单元中。其产品主要有 8 位、16 位微控制器(包括 HC08/HCS08、HC12/HCS12 等)、32 位微控制器(包括 Power PC、Cold Fire、ARM 等)。在国产汽车中应用非常广泛,例如丰田、夏利、万丰、五菱等国产客货汽车。

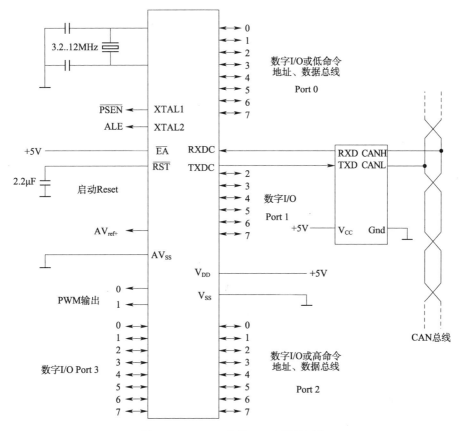

图 1-17 P87C591 典型 CAN 应用原理图

1）摩托罗拉 8 位单片机 MC68HC11F1

摩托罗拉公司的 M68HCllFl 型单片机,为 8 位汽车专用单片机。它是摩托罗拉公司的早期产品,是高性能闪存技术的低成本芯片。

MC68HC11F1 的主要特征:有两种省电模式——停止和等待;3.0~5.5V 电压均可正常工作;0、256B、512B 或 768B 片内 RAM,RAM 数据在待机时保留;0、12KB 或 20KB 片内 ROM 或 EPROM;异步串行通信接口 SCI,同步串行外设接口(SPI)8 通道 A/D 转换器;16 位定时器系统;8 位脉冲累加器,实时中断电路等。封装形式有 68 针的 PLCC 和 80 针的 QFP 封装,图1-18 为 80 针的 QFP 封装示意图。

2）摩托罗拉 8 位单片机 MC68HC711K4

五菱之光等车型发动机电脑的 CPU 是摩托罗拉公司 MC68HC11K 家族的 MC68HC711K4 8 位单片机,采用的是 80 脚的 QFP 封装。

3）摩托罗拉 16 位单片机 MC9S12DP256

MC9S12DP256 是基于 16 位 HCS12CPU 及 0.25μm 微电子技术的高速、高性能、带5.0V Flash 存储器的 16 位微控制器。其较高的性价比非常适合于一些中高档汽车控制系统,较简单的背景开发模式也会使开发成本进一步降低,同时也使现场开发与系统升级变得更加方便。

MC9S12DP256 的主频高达 25MHz,片内还集成了许多标准模块,包括 2 个异步串行通信口 SCI、3 个同步串行通信口 SPI、8 通道输入捕捉/输出比较定时器、2 个 10 位 8 通道 A/D 转换模块、1个8通道脉宽调制模块、49个独立数字I/O口(其中20个具有外部中断及唤醒功能)、兼容CAN 2.0A/B协议的5个CAN模块以及一个内部IC总线模块;片内拥有256KB的Flash EEPROM、12KB的RAM、4KB的EEPROM。

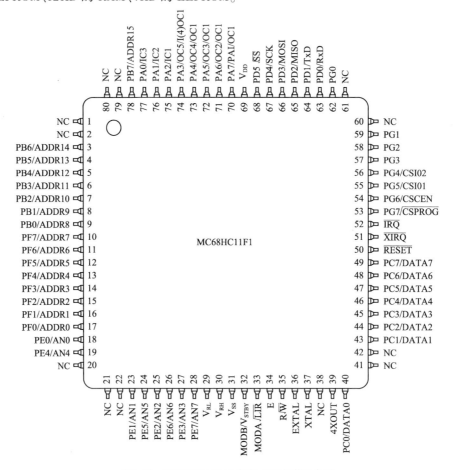

图1-18 MC68HC11F1 80针的QFP封装示意图

图1-19所示为典型的汽车车门控制系统示意图。其中央微控制器选用MC9S12DP256单片机 MC33389A、MC33884、MC33887、MC33486 等均为摩托罗拉智能模拟器件。其中，MC33389A 为开关电源芯片，为CPU提供工作电压(5V);可将点火开关信号、车门开关信号及面板开关信号由SPI接入微控制器，进行唤醒、复位和中断等工作;还有具有容错功能的CAN物理层驱动器;可将系统接入整车网络中。MC33884的主要作用是实时监测面板开关的状态并驱动面板的照明灯。MC33887是一个驱动电路芯片，可用于后视镜位置电动机、后视镜折叠电动机及门锁电动机的驱动，该功能也可选用MC33884配合独立的MOS驱动管来完成。MC33290 主要用于整个系统的诊断。

4)摩托罗拉32位单片机MPC500

MPC500系列单片机经专门设计，满足了高速行驶汽车所需的严格工作环境要求。整个产品系列包括无闪存的MPC561和内置1MB闪存的MPC566等，以针对多种不同的应用环境,可应用于汽油机管理、直接燃油喷射、电子传动控制等动力传输系统及稳定控制系统和悬架应用系统。MPC500 系列 MCU 还具有浮点单元和智能时钟等功能,能满足控制速度和精度的要求。MPC500 内包含一个系统集成模组(SIM)、一个时间处理单元(TPU)、一个队列串行接口模组(QSM)、2KB 静态随机存储器,带有 TPU 仿真能力(TPURAM)。它采用 HCMOS 技术,可进一步降低产品功耗,同时指令系统包含专用低功耗指令 LP2STOP。系统时钟停止状态下,功率消耗最低。

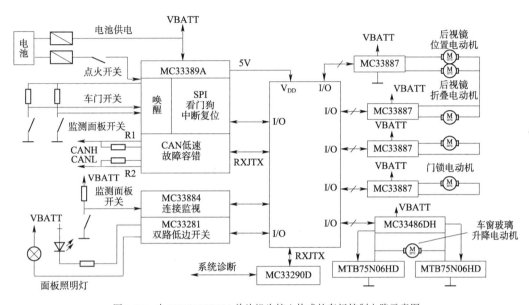

图 1-19　由 MC9S12DP256 单片机为核心构成的车门控制电路示意图

MPC500 主要应用于新型汽车发动机管理系统中,如通用的 P5、P6 系列发动机管理系统。图 1-20 所示是基于 32 位 MPC500 单片机的发动机管理系统组成框图。

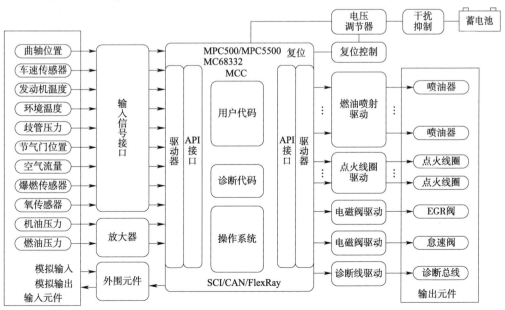

图 1-20　由 MPC500 为核心单片机的发动机管理系统组成框图

(三)汽车发动机单片机控制系统

前面已经提到,汽车上电控系统的组成模式是相同的,一般由传感器、ECU、执行元件组成。其中 ECU 是按所控制的对象或系统不同而设计的。一个确定的 ECU 按其内部储存的程序,对所控制系统各传感器输入的信号数据进行运算、处理、分析、判断,然后输出控制指令,并驱动有关执行器动作,达到快速、准确、自动控制汽车某一系统的目的。

现代发动机电控系统中,由于使用了 ECU,信号处理的速度和存储信息的容量都大大提高。因此,可以实现多功能的高精度的集中控制;ECU 不仅用来进行燃油喷射控制,同时还用来进行点火控制、怠速控制、排放控制、进气控制、增压控制、故障自诊断、失效保护和后备系统启用等。

ECU 的主要功能有以下几个方面:

(1) 接收传感器、操作开关或其他装置输入的信息,给需要电源的传感器提供工作电压。
(2) 处理、存储、计算、分析和判断输入信息数据及故障信息。
(3) 根据输入的有关信息计算出输出指令信号,放大指令信号至可以控制执行器。
(4) 当电控系统出现故障时,输出故障信息。
(5) 实行学习控制,具有自我修正输出值的功能。
(6) 在具有车载网络的系统中,所有的 ECU 具有通信功能,相互间能进行数据交换。

下面以发动机单片机控制系统为例,介绍汽车单片机控制系统的组成和工作原理。图 1-21 所示为汽车发动机单片机控制单元 ECU 的典型组成图,图中的虚线框内是 ECU。

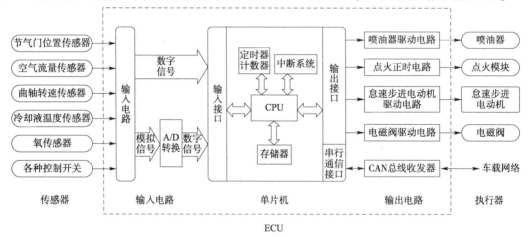

图 1-21 发动机单片机控制单元 ECU 的典型组成图

ECU 主要由输入电路、单片机、输出电路组成,此外还有电源电路、备用电路和软件等。

1) 输入电路

输入电路的功能是接收和处理来自 ECU 外部的信号。实现外部传感器与单片机之间的信息传递,即对传感器输入的信号进行预处理,使输入信号变成单片机可以接收的信号。来自 ECU 外部的信号分为两类。一类是传感器信号,一类是开关信号。

传感器信号来自各个传感器,又分为模拟信号和数字信号。对模拟信号,如空气流量传感器、冷却液温度传感器、进气温度传感器、线性输出式节气门位置传感器等缓慢变化的模拟信号,要先放大、滤波,然后对其进行模/数(A/D)转换,转换为数字信号处理后才能被单片机所接收。如果是脉冲信号和开关信号,如曲轴转速传感器的脉冲信号,将对其进行放大和整形处理,使其达到数字信号的要求,通过 I/O 接口送入单片机。

开关信号分为操纵开关信号和自动开关信号。操纵开关信号是驾驶人操纵各种开关、操纵手柄、操纵杆、操纵踏板产生的信号。例如,起动发动机时起动开关产生的起动信号传送到发动机 ECU,发动机 ECU 按起动工况确定喷油量和点火提前角;操纵变速杆至 D 挡位置时,D 挡位的开关触点产生的开关信号传送到自动变速器 ECU,自动变速器 ECU 将按前进挡确定自动变速器内的离合器和执行器的工作状态。自动开关信号是汽车内的自动装置产生的开关信号,例如汽车空调的温度控制器,当制冷温度达到确定的温度时,温度控制器内部的开关触点将产生开关信号,传送给空调 ECU,空调 ECU 控制空调压缩机暂停工作。

(1)模拟量输入通道。

模拟量输入通道的任务是把被控系统中多个传感器输出的模拟量转换成数字量后输入单片机,它的一般组成如图 1-22 所示。它由滤波和电平变换电路、多通道 A/D 转换器等组成。

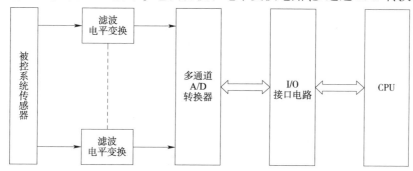

图 1-22 模拟量输入通道组成框图

滤波和电平变换电路包括信号滤波、电平变换等。传感器测得的电信号受周围电磁场干扰,一般都有高频干扰电磁波。因此,要对传感器信号先进行高频滤波。传感器信号电压信号一般很小,电压通常为 0～40mV,而 A/D 转换器所能处理的电压范围为 0～5V、-5～5V、0～10V 等,故必须进行电平变换后再输给 A/D 转换器,这样可提高模拟信号测量系统的精度。

目前的 A/D 转换器多为多输入通道,有 8 通道和 16 通道的,可以同时输入 8 路或 16 路模拟信号。经 A/D 转换后送入单片机的 I/O 接口电路。

(2)数字量输入通道。

在汽车电控系统中,传感器采集的还有数字信号,如来自曲轴转速传感器的转速信号、上止点参考信号,它们都是脉冲信号。脉冲信号经放大和整形电路处理后,变成矩形波,通过 I/O 接口可直接送入单片机。

(3)光电隔离器。

对可能受到强干扰的输入信号,要考虑增加光电隔离电路。图 1-23 为常用的光电隔离器及电平转换电路。

图 1-23 中 G 为发光二极管和光电三极管集成的光电隔离器,输入信号经滤波、放大,驱动发光二极管按信号电流强弱发光,光电三极管将接受的光再转换为电信号,实现了信号传送过程完全电的隔离,起到很好的抗干扰作用。三极管 VT1 和 VT2 组成电平转换电路,使输出信号达到所需要的电压值。

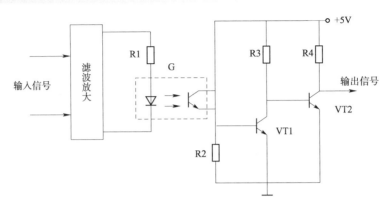

图 1-23　光电隔离器及电平转换电路

光电隔离器不但适用输入电路,也适用输出电路,可以隔离输出电路到执行器之间的电磁干扰。

2)单片机

单片机是汽车电子控制单元 ECU 的控制中枢。它的功能是根据所存程序,对各种传感器送来的信号进行运算和判断,把处理结果,如喷油指令信号、点火指令信号等,送至输出电路,从而控制执行器。汽车电控单元使用的单片机是汽车专用增强型单片机,是针对汽车较为复杂的振动、高温、低温和恶劣的电磁环境而设计的。有的汽车单片机芯片内已包含 A/D 转换、D/A 转换和其他专用电路。

3)输出电路

输出电路是根据所控制的执行器的类型而设计的。汽车上执行器按负载类型可分为电阻类,如照明灯和信号灯;电磁线圈类,如继电器、电磁阀、喷油器;电动机类,如直流电动机、步进电动机等。输出电路按控制信号可分为模拟量输出通道和数字量输出通道。

(1)模拟量输出通道。

模拟量输出通道的任务是把单片机的数字量输出变成连续的模拟量输出,以控制执行机构。图 1-24 是一个多输出的模拟量输出通道。每个通道都有 D/A 转换器,转换速度快且工作可靠。

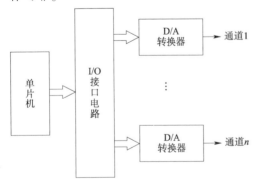

图 1-24　模拟量输出通道

(2)数字量输出通道。

数字量输出通道的任务是将单片机的 I/O 接口输出的数字量转换成执行机构(如继电器、电磁阀、步进电动机等)需要的脉冲信号。

数字量输出通道以下有三种形式:
①由单片机的输出口直接控制执行机构。
②通过半导体开关管控制执行机构。
③通过继电器控制执行机构。

数字量输出通道的终端负载常常是继电器、电磁阀的电磁线圈和步进电动机的电磁线圈,它们与单片机中间需要放大、隔离和驱动电路。

喷油器是一个典型的小型电磁阀,其控制电路如图 1-25 所示。单片机根据空气流量传感器的传入信号,计算出进入汽缸中的空气质量,然后按理想空燃比计算出应喷的汽油量,使汽油的混合气体达到最佳燃烧。喷油器是一个小型电磁阀,通电时线圈产生磁力,吸引阀针向上开阀,汽油在一定压力下,喷射入汽缸;断电时阀针在复位弹簧的作用下,向下关阀。在油压和喷油器喷孔一定的条件下,控制喷油时间就可控制喷油量。

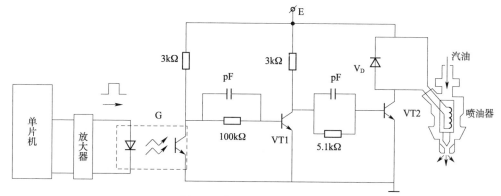

图 1-25 控制喷油器的输出电路

单片机输出的喷油脉冲,经放大器放大,驱动光电隔离器 G 中的发光二极管发光。

光电三极管将接收到的光信号转为电信号,经三极管 VT1 放大,驱动大功率三极管 VT2 导通搭铁,喷油器电磁线圈通电开阀,达到控制喷油的目的。精确控制喷油脉冲的脉冲宽度(例如某种发动机的喷油脉宽可在 1.72～8.5ms 间控制),是电控燃油喷射的主要功能。

4)电源电路

现代汽车 ECU 的电源电路一般有两路。

一路来自点火开关控制的主继电器,它是 ECU 的主电源。打开点火开关后,主继电器触点闭合,电源送入 ECU 内部的处理电路,使 ECU 进入工作状态;关闭点火开关后,主继电器触点断开,ECU 的工作电源被切断从而停止工作。

另一路直接来自蓄电池,直接接单片机的备用电源引脚(MCS-51 单片机的 VPD 引脚),在点火开关关闭及发动机熄火后,该电路仍然保持蓄电池电压,使单片机的故障自诊断电路所测得的故障码及其他有关数据可长期保存在单片机的存储器内,为故障检修提供依据,该电路称为 ECU 的备用电源电路。

除此之外,对有些具有防盗功能的 ECU 或不能停止某些监控功能的 ECU,其唤醒电路也用备用电源电路。

图 1-26 是玛瑞利单点电喷发动机 ECU 实物图,图 1-27 是玛瑞利单点电喷发动机 ECU 外部接线图。图 1-28 是玛瑞利单点 ECU 逻辑电路的原理框图。

玛瑞利单点 ECU 是一种典型的集中喷射 ECU,该 ECU 成本低廉、简单实用,目前在国产微型汽车和低档轿车中采用。

玛瑞利单点 ECU 点火控制电路中,曲轴位置传感器信号转子上大齿缺产生的信号为基准信号,ECU 控制喷油时间和点火时间是以大齿缺产生的信号为基准进行控制的。当 ECU 接收到大齿缺产生的信号后,再根据小齿缺信号来控制点火线圈一次电流接通时间、点火时间和喷油时间。点火监测电路监测到点火电路故障时,产生故障码并报警。同时由单片机控制停止喷油,防止燃油流失和污染。

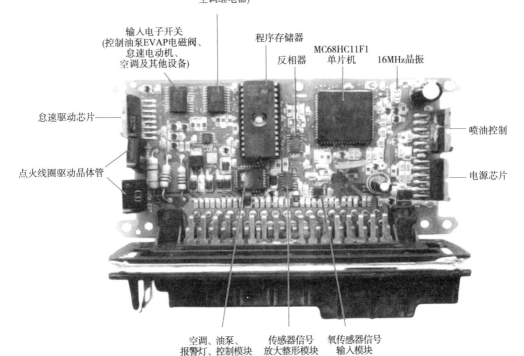

图 1-26 玛瑞利单点电喷发动机 ECU 实物图

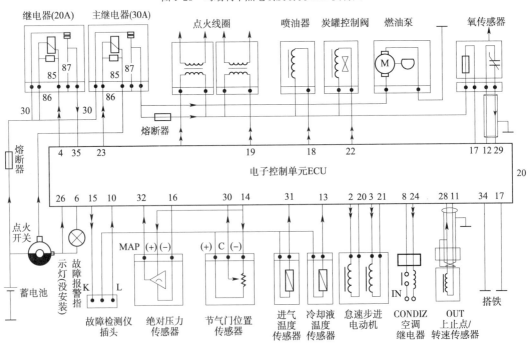

图 1-27 玛瑞利单点电喷发动机 ECU 外部接线图

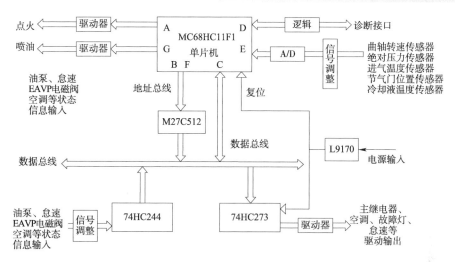

图 1-28　玛瑞利单点 ECU 逻辑电路的原理框图

玛瑞利单点 ECU 喷油控制中,CPU 首先根据点火频率确定喷油频率(单点喷油频率为点火频率的一半),由 CPU 输出喷油驱动脉冲信号至喷油模块。经喷油模块放大后输出到喷油器,在喷油过程中,CPU 还要根据 A/D 转换器送来的各种传感器信号,判断当前的工况。并根据工况信息调整喷油驱动脉冲信号的脉冲宽度。脉冲的宽度决定喷油器的开阀时间,从而决定喷油量。精确控制喷油脉宽,可以满足发动机在各种工况时的燃油需要。

二、任务实施

项目　定时延时电路实训

1. 项目说明

定时延时电路采用经典的 NE555 定时器电路,电路能通过调节电位器,能够实现短时间范围内的定时延时功能。电路原理图如图 1-29 所示。

调节电位器 RT,可以改变延时时间的长短,S2 为定时延时开关,按动 S2,延时开始,D2 点亮。此定时延时电路输出电压为 12V,可接负载较大功率器件。

工作原理:当按动(点按)S2 定时延时键时,电容 CT 两端的电压为零,此时 2 脚(TRIG)电压为零,当 2 脚电压小于 V_{CC} 的 1/3 时,3 脚输出电压为高电平 12V,此时指示灯 D2 点亮;随着时间的延长,系统电源同时对电容 CT 进行充电,当充电一段时间后,电容电压达到 V_{CC} 的 2/3 时,此时 6 脚电压同样达到 V_{CC} 的 2/3。当 6 脚电压超过 V_{CC} 的 2/3 时,3 脚输出电压为零,指示灯 D2 灭,延时结束。可通过调节 RT,来改变接入电路电阻的大小,电容充电时间随电阻的大小改变而改变,从而调节定时延时时间的长短。

2. 技术标准与要求

(1)按照给出的电路图准确连接元件。

(2)正确使用万用表。

3. 设备器材

所用设备器材见表 1-4。

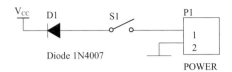

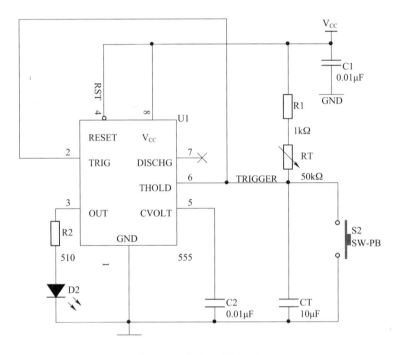

图 1-29 定时延时电路图

设备器材表　　　　　　　　　　　　　　　　　表 1-4

元件符号	元件名称	参　数
CT	电解电容	470μF
D2	LED 发光二极管	—
D1	二极管	1N4007
P1	电源接口	
RT	电位器	50kΩ
C1、C2	瓷片电容	0.01μF
U1	555 定时器	NE555
S1	自锁开关	—
S2	按键	—
—	导线	—
—	万用表	—
—	12V 电源	—

4.作业准备

(1)检查确认各个元件正常。

(2)检查导线正常。

(3)检查万用表正常。

5.操作步骤

(1)按照电路图连接各个元件。

(2)按动按键 S2,观察指示灯 D2 是否点亮。

(3)如果不亮,首先检查是否有输出信号,检查触发器 U1 是否提供电源和搭铁。

(4)其次检查触发器 U1 的输入信号是否正常。

(5)若指示灯 D2 可以点亮,调节电位器,观测延时时间是否改变。

(6)否则检查电位器输出信号是否正常。

6.记录与分析

请把调节电位器的电阻值和其对应的延时时间填在表1-5中。

电阻器电阻值与延时时间对应表　　　　　表1-5

电位器电阻值	延时时间

三、学习评价

选择题

(1)中央处理器 CPU 是由( )部件组成。

　　A.运算器　　　　　B.控制核心　　　　　C.寄存器　　　　　D.控制器

(2)内部数据存储器( )。

　　A.RBM　　　　　　B.RAM　　　　　　　C.RCM　　　　　　D.ROM

(3)汽车上电控系统的组成一般由( )组成。时钟电路为单片机工作提供基本时钟。

　　A.ROM　　　　　　B.执行元件　　　　　C.ECU　　　　　　D.传感器

(4)( )为单片机工作提供基本时钟。

　　A.复位电路　　　　B.时钟电路　　　　　C.单片机芯片　　　D.定时器

(5)串行传输方式通信时使用的接口叫串行接口,由( )组成。

　　A.控制器　　　　　B.单片机　　　　　　C.接收器　　　　　D.发送器

四、拓展学习

1.上拉电阻

上拉就是将不确定的信号通过一个电阻钳位在高电平,电阻同时起限流作用。如图1-30所示,上拉是对器件输入电流,下拉是输出电流;强弱只是上拉电阻的阻值不同,没有什么严格区分;对于非集电极(或漏极)开路输出型电路(如普通门电路)提供电流和电压的能力是有限的,上拉电阻的功能主要是为集电极开路输出型电路输出电流通道。

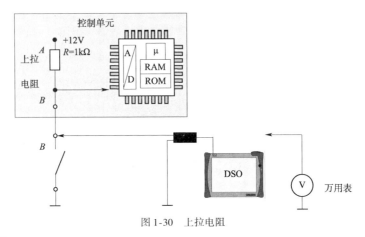

图 1-30　上拉电阻

2. 下拉电阻

如图 1-31 所示，上部的一个偏置电阻因为是搭铁，因而叫作下拉电阻，就是将电路节点 A 的电平向低方向（地）拉。下拉电阻的主要作用是与上接电阻一起在电路驱动器关闭时给线路（节点）以一个固定的电平。

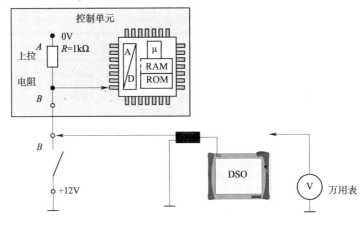

图 1-31　下拉电阻

测量电流直接流向传感器，或是测量电流从传感器流入控制单元。对应不同的上拉与下拉电阻，上拉或下拉电阻都会产生电压损失，控制单元内的传感器与电阻组合形成分压器，所分得的电压等于控制单元的测量值。

学习任务 2　汽车单片机局域网基础

工作情境描述

一位大众迈腾轿车车主说自己汽车仪表上的 ABS、ESP 故障指示灯点亮。维修技师用诊断仪读取到有关的 ABS 控制单元故障码，经过进一步排查，确诊是 ABS 控制单元损坏，使得仪表上出现故障灯常亮的现象。由此可见 ABS 控制单元和仪表单元之间存在连接关系，那么 ABS 控制单元的故障就能由仪表显示出来。本任务就是认识汽车单片机局域网。

学习目标

通过本任务学习，应能：
1. 正确描述迈腾轿车各个系统中控制单元之间的连接关系。
2. 正确描述汽车单片机局域网基本概念。
3. 正确叙述汽车网络参考模型各层功能。

学习时间

8 学时。

学习引导

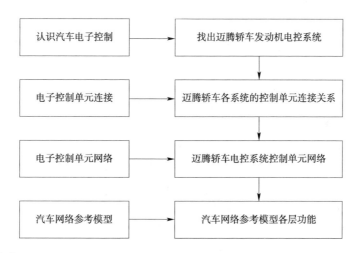

一、知识准备

（一）汽车电子控制基础

所谓自动控制就是应用控制装置自动地、有目的地控制操纵机器设备或过程，使之具有一定的状态和性能。

1. 典型自动控制系统组成

典型自动控制系统一般都是由参考输入元件、比较元件、控制元件、执行元件、被控对象及反馈元件六个基本单元组成。

(1) 参考输入是系统的参考输入元件产生的输入信号。

主反馈是被控量通过反馈元件产生的信号，它是被控量的函数。

(2) 比较元件是将参考输入与主反馈进行比较产生的差值，该差值是系统的作用信号，也称为作用误差。所以比较元件也称为作用误差检测器。

作用误差是参考输入与主反馈之差。

(3) 控制元件也称校正元件或控制器、调节器。由于作用误差往往十分微弱，一般需要放大，并将它转换成适于执行机构工作的信号；另外由于对系统性能的要求，须对作用误差信号进行运算处理。在一般的控制系统中，控制器常采用 PID 控制器。

(4) 控制元件的输出作用到执行元件，执行元件再直接作用于被控对象，使被控对象随参考输入而变化。

(5) 被控对象是系统被控制的设备或过程，它能完成特定的动作或生产任务。

被控量是反馈系统被控制的物理量。

(6) 反馈元件将被控量转换成主反馈量的装置，它可以对被控量进行测量并转换成能用于参考输入进行比较的量值，以反馈元件也称测量元件。

理想化系统能从参考输入直接产生理想输出的系统。

理想输出也称希望的响应值，它是理想化系统所产生的理想响应。

系统误差是希望的响应值(理想输出)与被控量之差。

ECU 的基本组成简单地说是由微机和外围电路组成。而微机就是在一块芯片上集成了微处理器(CPU)、存储器和输入/输出接口的单元。ECU 的主要部分是微机，而核心部件是 CPU。输入电路接受传感器和其他装置输入的信号，对信号进行过滤处理和放大，然后转换成一定伏特的输入电平。从传感器送到 ECU 输入电路的信号既有模拟信号也有数字信号，输入电路中的模/数转换器可以将模拟信号转换为数字信号，然后传递给微机。微机将上述已经预处理过的信号进行运算处理，并将处理数据送至输出电路。输出电路将数字信息的功率放大，有些还要还原为模拟信号，使其驱动被控的调节伺服元件工作，例如继电器和开关等。因此，ECU 实际上是一个"电子控制单元"，它是由输入处理电路、微处理器(单片机)、输出处理电路、系统通信电路及电源电路组成，如图 2-1 所示。

详细地说，ECU 一般由 CPU，扩展内存，扩展 I/O 口，CAN/LIN 总线收发控制器，A/D D/A 转换口(有时集成在 CPU 中)，PWM 脉宽调制，PID 控制，电压控制，看门狗，散热片和其他一些电子元器件组成，特定功能的 ECU 还带有诸如红外线收发器、传感器、DSP 数字信号处理器、脉冲发生器、脉冲分配器、电动机驱动单元、放大单元、强弱电隔离等元器件。整块电路板设计安装于一个铝质盒内，通过卡扣或者螺钉方便安装于车身钣金上。ECU 一般采用通用且功能集成、开发容易的 CPU；软件一般用 C 语言来编写，并且提供了丰富的驱动程序库和函数库，有编程器、仿真器、仿真软件，还有用于 Calibration 的软件。图 2-2 是使用较为普遍的一种结构类型。

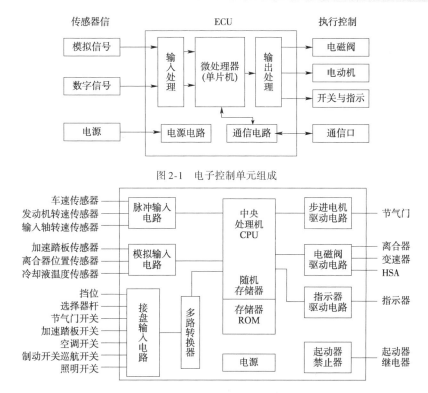

图 2-1　电子控制单元组成

图 2-2　ECU 结构图

2. ECU 的基本机构体系

　　汽车电子控制系统包括硬件和软件两部分,硬件有电子控制单元(ECU)及其接口、传感器、执行机构、显示机构等;软件存储在 ECU 中支配电子控制系统完成实时测控功能。汽车上的大部分电子控制系统中的 ECU 电路结构大同小异,其控制功能的变化主要依赖于软件及输入、输出模块的功能变化,随控制系统所要完成任务的不同而不同,而 ECU 的基本结构体系包括输入处理电路、微处理器、输出处理电路、电源电路。

　　在输入处理电路中,ECU 的输入信号主要有三种形式,模拟信号、数字信号(包括开关信号)、脉冲信号。模拟信号通过 A/D 转换为数字信号提供给微处理器。控制系统要求模数信号转换具有较高的分辨率和精度(>10 位)。为了保证测控系统的实时性,采样间隔一般要求小于 4ms。数字信号需要通过电平转换,得到计算机接收的信号。对超过电源电压、电压在正负之间变化、带有较高的振荡或噪声、带有波动电压等输入信号,输入电路也对其进行转换处理。而微处理器首先完成传感器信号的 A/D 转换、周期脉冲信号测量和其他有关汽车行驶状态信号的输入处理,然后计算并控制所需的输出值,按要求适时地向执行机构发送控制信号。过去的微处理器多数是 8 位和 16 位机,也有少数采用 32 位机。现在多用 16 位和 32 位机。在输出电路中,微处理器输出的信号往往用作控制电磁阀、指示灯、步进电动机等执行件。微处理器输出信号功率小,使用 +5V 的电压,汽车上执行机构的电源大多数是蓄电池,需要将微处理器的控制信号通过输出处理电路处理后再驱动执行机构。电源电路中,传统车的 ECU 一般带有电池和内置电源电路,以保证微处理器及其接口电路工作在 +5V 的电压下。即使在发动机起动工况等使汽车蓄电池电压有较大波动时,也能提供 +5V 的稳定电压,从而保证系统的正常工作,而电动汽车一般由蓄电池供电。在软件方面,ECU 的控制程序有以下几个方面:计算、控制、监测与诊断、管理、监控。ECU 控制模式如图 2-3 所示。

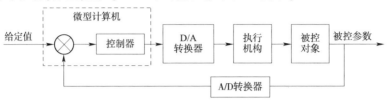

图 2-3 ECU 控制模式

(二) 汽车电控单元的连接方式

在要求响应速度快、实时性强、控制量多的应用场合,单个单片机往往仅负责某一点或某一个子系统的控制,对整个系统的控制难以把握。

在汽车电子控制系统中,单机与双机通信不能满足实际需要。实际需要多个单片机甚至是多个电子控制单元(ECU)构成复杂系统,这些控制单元需要按一定的方式连接起来才能进行通信。通常的通信结构有主从式和总线传输式。

1. 主从式多机通信结构

例如日产公司的分级控制系统,用 1 台中央控制计算机(主机)连接 4 台计算机,分别控制防滑制动、优化点火、燃油喷射、数据传输等,系统设计为主、从式多机通信。该控制系统用一个 89C2051 系统作为主机,用 4 个 89C2051 系统作为从机,以 TTL 电平通信。

主机接收 4 组控制信号,每组控制信号有 8 位。每组的 8 位信号通过一个三态逻辑器件 74LS244(8 缓冲器/驱动器/线接收器),送往主机的 P1 口(P1.0~P1.7)。4 个三态逻辑器件 74L244 各自的控制端分别与主端口 P3.3、P3.4、P3.5、P3.7 相连,以实现 4 组控制信号的按钮分时顺序读入,从而得到与 4 组共 32 个终端电器一一对应的 32 路控制信号。每一位控制信号对应一个用电器或执行机构。每组控制信号对应一个从机。每个从机可控制 8 个用电器或执行机构。

2. 总线传输式多机通信机构

过去,汽车通常采用点对点的通信方式,即将电子控制单元及负载设备连接起来。随着电子设备的不断增加,势必造成导线数量的不断增加,从而使得在有限的汽车空间内布线越来越困难,限制了功能的扩展。同时导线质量每增加 50kg,油耗会增加 0.2L/100km。此外,电控单元并不是仅仅与负载设备简单的连接,更多的是与外围设备及其他电控单元进行信息交换,并经过复杂的控制运算,发出控制指令。这些是不能通过简单的连接所能完成的。

一些汽车制造商设计了分布集中控制系统,即根据汽车的各大部分(如发动机、底盘、信息、显示和报警等几大控制系统)而进行分块集中控制。如日本五十铃生产的汽车 I-TEC 系统,它对发动机的点火、燃油喷射、怠速及废气再循环进行集中控制。也有的汽车制造商设计了完全集中控制系统。如美国的通用汽车公司采用一个微机系统分别控制汽车防滑制动、牵引力控制、优化点火、超速报警、自动门锁和防盗等。目前流行的技术是将这些控制单元通过总线的形式连接在一起。

3. 总线传输式的特点

在汽车内部采用基于总线的网络结构,可以达到信息共享、减少布线、降低成本及提高总体可靠性的目的。

通常的汽车网络结构采用多条不同速率的总线分别连接不同类型的节点,并使用网关服务器来实现整车的信息共享和网络管理,这就形成了车载网络系统,如图2-4所示。

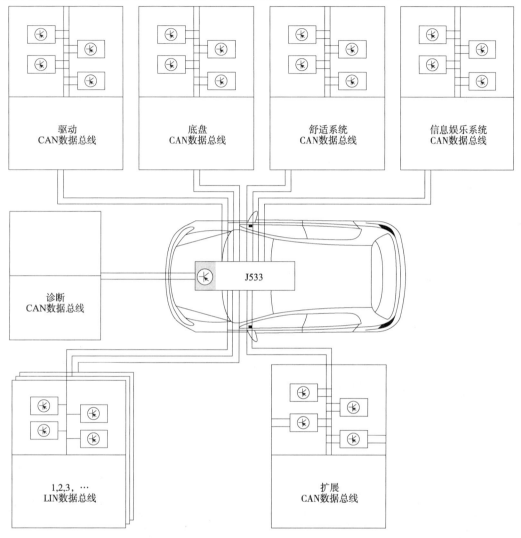

图2-4 汽车网络结构采用几条不同速率的数据总线

信息与车载媒体系统对于通信速率的要求更高,一般在2Mb/s以上,要采用新型的多媒体总线连接车载媒体。这些新型的多媒体总线往往是基于光纤通信的,从而可以保证充足的带宽。

故障诊断系统是将车用诊断系统在通信网络上加以实现。网关是电动汽车内部通信的核心,通过它可以实现各条总线上信息的共享以及实现汽车内部的网络管理和故障诊断功能。

(三)汽车单片机局域网基本概念

1. 网络技术在汽车中的应用

一般比较高档的汽车都装有几十个微机控制器和上百个传感器,这就为网络技术应用到汽车上提供了条件,而且可以解决汽车一直存在的集中控制和分散控制的矛盾。

分散控制就是汽车上的一个部件(如点火或喷油)用一个微机控制器进行控制,分散控制是微机在汽车上的最初应用。后来经过发展出现了汽车集中控制。集中控制系统包括完全集中控制系统,如美国的通用汽车公司采用一个微机系统分别控制汽车防滑制动、牵引力控制、优化点火、超速报警、自动门锁和防盗等;分级控制系统,如日产公司的用1台中央控制计算机分别连接4台微机,分别控制防滑制动、优化点火、燃油喷射、数据传输等;分布集中控制系统,是根据汽车的各大部分而进行分块集中控制,如发动机、底盘、信息、显示和报警灯几大控制系统,如日本五十铃生产的汽车I-TEC系统,这对发动机的点火、燃油喷射、怠速及废气再循环进行集中控制。上述各种类型的控制各有优缺点,一旦网络在汽车上得到应有,就可发挥各种控制的优点,克服其缺点。集中控制和分散控制存在的最大问题是可靠性问题,如完全采用集中控制,一旦微机出现故障则造成全车瘫痪。采用网络技术后,不但共用所有传感器,还可以共用其他设备,如采用环线网控制几十台微机,即使个别微机出现问题,整车还可以正常运行。所以网络的应用不但增加了许多功能,而且还大大增强了可靠性。

为适应汽车网络控制的需要,更好地在各控制系统之间完成交换信息、协调控制、共享资源及标准化与通用化,世界各国都在积极合作,推进汽车局域网的研究与开发。国外在网络标准的制定及开发符合网络通信标准的微处理器、通信协议等方面都已经取得了成果。

汽车上网系统,是一种无线的网络结构。通过它,人们可以在行驶的汽车上上网、发E-mail等进行所有网上操作。目前不少公司在从事这方面的研究,如IBM公司和Motorola公司已合作开发车用无线Internet技术。这项技术将使驾驶员和乘客能够在车上发送电子邮件以及从事网上各种活动,如电子商务和网上购物、查看股市行情和天气预报等。

随着网络技术在汽车中的应用,对车用传感器的要求也越来越高,汽车电子化、自动化程度越高,对传感器的依赖性就越大,所以,多功能集成传感器是传感器发展的一个重要方向,即在一个芯片上集成多种功能敏感组件和同一功能的多个敏感组件。

2. 汽车网络系统重要概念

1) 多路传输

因为总线式的网络结构是使用一条线路对多个信号进行传输,所以应当懂得多路传输技术的原理,否则一旦故障扫面仪在检测车辆时不工作,你就会不知所措,或者即使你的故障扫面仪在工作,你却找不到本应该找到的故障。

多路传输——在同一通道或线路上同时传输多条信息。这听起来好像不可能,但在某种意义上讲是可能的。

事实上数据是依次传输的,但传输速度非常之快,似乎就是同时传输的。日常生活中1/10s算是非常快了,但对一台运算速度相对慢的计算机来说,这1/10s也太长了。如果将1/10s分成许多时间间隔,每个时间间隔叫作一个时间片,每个时间片由其中的一个信号占用。这实际上是多个信号分时使用同一物理介质(总线),这就是分时多路传输。

从图2-5中可以看出,由于常规线路系统各单元或传感器之间每项信息通过独立的数据线进行交换,而多路传输系统ECU之间所有信息都通过两根数据线进行交换,所以所用导线比常规线路系统所用导线少得多,并且ECU可以触发仪表板上的警告灯或灯光故障等指示灯,又由于多路传输系统可以通过两(或一)根数据总线执行多个指令,因此可以增加许多功能。

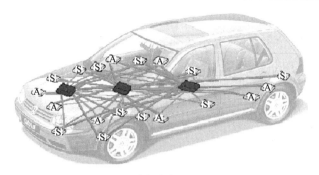

a) 常规线路系统

b) 多路传输系统

图 2-5 常规线路系统与多路传输系统比较

正如可把无线电广播和移动电话的电波分为不同的频率一样,同时也可以同时传输不同频率的信号。随着越来越多的汽车装备无线多路传输装置,基于频率、幅值或其他方法的同时数据传输已成为可能。目前,汽车上采用的是单线或双线多路分时多路传输系统。

2) 模块

模块是一种电子装置,在这里可以理解成电子控制单元(ECU),简单的模块如温度和压力传感器,复杂的模块如计算机(微处理器)。传感器是一个模块装置,根据温度和压力的不同产生不同的电压信号,电压信号在计算机的输入接口被模块转换器(ADC)转变成数字信号。在计算机多路传输系统中一些简单的模块常常被称为节点。

3) 数据总线

数据总线(BUS)是模块间运行数据的通道,即所谓的信息"高速公路"。如果一个模块可以通过总线发送数据,又可以从总线接收数据,则这样的数据总线就称之为双向数据总线。汽车上的数据总线实际是一条导线或两条导线。

为了抗电子干扰,双线制数据总线的两条线是绞在一起的(双绞线)。各汽车制造商一直在设计各自的数据总线,如果与国际标准不兼容,就称为专用数据总线。如果是按照某种国际标准设计的,就是非专用的数据总线。但事实上,你所了解到的可能都是专用的数据总线。

4) 网络

网络是为实现信息共享而把多条数据总线或者把数据总线和模块当作一个系统连在一起。如新型的凌志 LS430 轿车的几条数据总线间共有 29 个相互交换信息的模块。几条数据总线连接29个模块,总线又连接成网络。其中3个接线盒电脑,2个作为前端模块,1个作为后端模块,其作用是提供诊断支持(包括接插方便的接头及测试点)。从物理意义上讲,汽车上许多模块和数据总线很近,因此被称之为局域网(LAN)。

5)通信协议

通信协议是指通信双方控制信息交换规则的标准、约定的集合。要实现车内各ECU之间的通信,必须制订规则,即通信方法、通信时间、通信内容,保证通信双方能互相配合,使通信双方能共同遵守、可接受的一组规定和规则。就好像现实生活中的交通规则一样。

关于优先权的处理机制可举例说明。当模块A检测到发动机已接近过热时,相对于其他不太重要的信息(如模块B发送的最新的大气压力变化数据)有优先权。

6)总线速度

数据总线的速度通常用比特率表示。比特率是每秒传输的二进制的位数,其单位是位/秒(b/s)。

传输速度快并不能说明一切。高速数据总线及网络容易产生电噪声(电磁干扰),这种电噪声会导致数据总线传输出错。

数据总线有多种检错方法,如检测一段特定数据的长度,如果出错,数据将重新传输,但会导致各系统的运行速度减慢。解决的方法有:使用价格高、功能更强大、结构更复杂的模块;使用带屏蔽的双绞线。但这将使价格升高,为了使价格适中,数据总线及网络应避免无谓的高速和复杂。一般设计总线的传输速度有三种基本形式:即低速型、中速型和高速型。

(四)汽车网络参考模型

1. OSI 参考模型

在网络发展的初期,许多研究机构、计算机厂商和公司都大力发展计算机网络。这些自行发展的网络,在体系结构上差异很大,以至于它们之间互不兼容,难以相互连接成更大的网络系统。为此,国际标准化组织(ISO)在1979年提出了"开放系统互联"模型,简称ISO/OSI参考模型。ISO提出了7层网络系统结构参考模型的目的,就是要在各种终端设备、计算机、操作系统进程之间及人们相互交换信息的过程中,能够逐步实现标准化。ISO/OSI参考模型从第一层到第七层依次为物理层、数据链路层、网络层、传输层、会话层、表示层和应用层。

2. 汽车网络参考模型

按照汽车网络的规模,它应属于局域网、总线型结构。汽车网络简单但必须满足现场的需要。由于汽车网络要传输的信息帧都很短小,要求实时性强、可靠性高,因而要求网络结构层次少,以有利于提高实时性和降低受干扰的概率。所以汽车网络中不采用ISO/OSI七层参考模型。其主要原因有以下几点:

(1)在处理时间和控制信息方面,ISO/OSI各层的位、数据和时间的附加费用太高。

(2)OSI协议的应用对象主要是广域网络和较大的计算机之间的通信联系。

(3)由于办公用计算机之间不需要实时通信,因此,在分布式系统中,OSI协议不可以准确地支持车内微机之间的通信。

汽车网络结构主要包括两大部分:一是通信部分,二是网络管理部分。现场总线的通信结构只采用了ISO/OSI的三层模型:物理层、数据链路层和应用层,如图2-6所示。

这种结构简单、层次较少的通信结构主要针对过程控制的特点,使数据在网络流动中尽量减少中间环节,加快数据传递速度,提高网络通信及数据处理的实时性。

3.汽车网络参考模型各层的功能

1)应用层

在汽车工业邻域中,许多制造商都应用他们自己的标准。其主要功能是为相应的应用软件提供服务和接口。

2)物理层

物理层能够使用很多物理介质(如双绞线、光纤等)。最常用的就是双绞线,其作用是在物理传输媒体上传输各种数据的比特流,如图2-7所示。

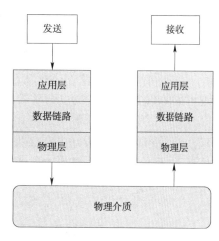

图2-6 汽车局域网参考模型

物理层协议所涉及的典型问题是:

(1)机械特性。物理接口(插头和插座)有多少针以及各针的用途。

(2)电气特性。使用什么样的物理信号来表示数据"1"和"0";一位持续的时间多长。

(3)功能特性。数据传输是否可同时在两个方向上进行;最初的连接如何建立和完成通信后连接如何终止。

(4)规程特性。就是物理层的协议。物理层除了规定机械、电气、功能、规程等特征外,还考虑了网络中的其他问题。如:

①数据的传输速率。每秒传输的二进制位数。

②信道容量。信道能支持的最大数据传输速率,它是由信道的带宽和信噪比决定的。

③数据的编码与(或)译码。当处于数据发送状态时,物理层接收数据链路层下发的数据,并将其以某种电气信号进行编码并发送。当处于数据接收状态时,将相应的电气信号编码为二进制,并送到数据链路层。

图2-7 物理层连接

由于采用单一信道作为传输介质,所有节点通过相应硬件接口接至总线上,任何一个节点发送的信息,其他的节点都能接收,这种现象称为广播。因此,总线上的所有节点属于同一广播域。又由于多个节点共享同一公共通道,当多点同时发送信号时,信号会相互碰撞而造成传输失败,这种现象称为冲突,因而总线上的所有节点处在同一冲突域中。为了避免冲突,每次只能有一个节点发送信号,因此必须有一个仲裁机制来决定每次由哪个节点使用信道,这就是数据链路层的任务。

3)数据链路层

在物理线路上,由于噪声干扰、信号衰减等多种原因,数据传输过程中常常出现差错,而物理层只负责透明地传输无结构的原始比特流,不可能进行任何差错控制。因此,当需要在一条线路上传输数据时,除了必须有一条物理线路(链路)外,还必须有一些必要的规程来控制这些数据的传输。把实现这些规程的硬件和软件加到链路上,就构成了数据链路层(Data Link Layer)。

数据链路层最重要的作业就是通过一些数据链路层的协议,在不可靠的物理链路层上实现可靠的数据传输。为此,通常将原始数据分割成一定长度的数据单元(帧),一帧内应包含同步信号(例如帧的开始与结束)、差错控制(各类检错码或纠错码,大多数采用检错重发的方式)、流量控制(协调发送方和接收方的速率)、控制信息、数据信息、地址信息(在信道共享的情况下,保证每一帧都能到达正确的目的节点,收方也能知道信息来自何处)等。

二、任务实施

项目　找出大众迈腾轿车各个控制系统中的传感器、执行器和控制单元

1. 项目说明

由于大众迈腾轿车仪表上发动机故障指示灯点亮,为了排除此故障,需要该车电路连接图,以便查找发动机电控系统中各个传感器、执行器与控制单元的连接关系。

2. 技术标准与要求

(1)画图之前在纸上做好位置规划。

(2)标出线颜色、针脚号、中间插头。

(3)标出控制单元名称、传感器名称、执行器名称。

3. 设备器材

(1)大众迈腾轿车电路图。

(2)白纸、铅笔、直尺。

4. 作业准备

能正确识读大众迈腾轿车的电路图。

5. 操作步骤

(1)在图纸上画出控制单元。

(2)翻阅电路图,查看有哪些传感器、执行器与控制单元相连。

(3)将传感器、执行器分别画在控制单元两边。

(4)并标出针脚号、导线颜色、中间插头、部件名称。

6. 记录与分析

(1)在电路图中找出迈腾轿车发动机电控系统中传感器和执行器,分别填写在表2-1中。

传感器和执行器　　　　　　　　　　　　　　表2-1

传　感　器	执　行　器

(2)写出迈腾轿车以下系统中所涉及控制单元的名称,填写在表2-2中。

各系统所涉及控制单元　　　　　表2-2

基本装备	
舒适系统	
全自动空调	
进入及起动动许可	
倒车摄像系统	
多功能转向盘	

三、学习评价

(一)判断题

(1)在物理线路上,不会由于噪声干扰、信号衰减原因造成数据传输过程中常常出现差错。　　　　　　　　　　　　　　　　　　　　　　　　　　　　　　(　　)

(2)数据总线的速度是以英里表示的。　　　　　　　　　　　　　　　(　　)

(3)所谓自动控制就是应用控制装置自动地、有目的地控制操纵机器设备或过程,使之具有一定的状态和性能。　　　　　　　　　　　　　　　　　　　　　(　　)

(4)通信协议是指通信双方控制信息交换规则的标准、约定的集合。　　(　　)

(5)波分多路复用是用频率分隔信道的方法,使每个控制系统独占信道频道而共享总线的时间资源。　　　　　　　　　　　　　　　　　　　　　　　　　(　　)

(二)选择题

(1)ECU 是由(　　)及电源电路组成。
　　A.输入处理电路　　　　　　　　　　B.处理器
　　C.输出处理电路　　　　　　　　　　D.系统通信电路

(2)ECU 的输入信号主要有哪几种形式(　　)。
　　A.电流信号　　B.模拟信号　　C.数字信号　　D.脉冲信号

(3)ECU 的控制程序有(　　)几个方面。
　　A.计算、控制　　B.监测、诊断　　C.反馈、分配　　D.管理、监控

(4)汽车网络结构主要包括(　　)两大部分。
　　A.通信　　　　　　　　　　　　　　B.控制
　　C.执行　　　　　　　　　　　　　　D.网络管理

(5)通常的通信结构有(　　)。
　　A.主从式　　B.串联式　　C.总线传输式　　D.并联式

(6)汽车网络结构主要包括(　　)两大部分。
　　A.发射　　　B.通信　　　C.网络管理　　　D.接收

(7)典型自动控制系统一般都是由(　　)基本单元组成。
　　A.控制元件、执行元件　　　　　　　B.参考输入元件、比较元件
　　C.反馈元件　　　　　　　　　　　　D.被控对象

(8)(　　)元件属于传感器。

　　A. 空气流量计　　　　　　　　B. 机油压力调节阀

　　C. 节气门　　　　　　　　　　D. 加速踏板点位计

四、拓展学习

1. 分时多路传输

分时多路传输又叫分时多路复用(TDM),是多路复用技术的一种,是用时间分隔信道的方法,使每个控制系统独占信道时隙而共享总线的频率资源。常见的多路复用技术还有频分多路复用(FDM)和波分多路复用(CDMA)。频分多路复用是用频率分隔信道的方法,使每个控制系统独占信道频道而共享总线的时间资源;而波分多路复用是分配给每个控制系统不同的扩频编码以区分不同的信号,就可以同时使用同一频率进行通信。另外在全光纤通信中也可采用波分多路复用技术(WDM)。

2. 协议的种类

通过协议的种类繁多,常见的有以下几种:

(1)在一个简单的通信协议中,模块不分主从,根据规定的优先规则,模块间相互传递信息,并且都知道该接收什么信息。

(2)一个模块是主模块,其他则为从属模块。根据优先规则,主模块决定哪个从属模块发信息及何时发送信息。

(3)通信协议中有个仲裁系统,通常这个系统按照每条信息的数字组合为个数据传输设定优先规则。例如,以1结尾的数字信息要比以0结尾的有优先权。

汽车维修技师,并不关心通信协议本身,而真正关心的是通信协议对汽车维修诊断的影响。通信协议本身取决于车辆要传输多少数据,要用多少模块,数据总线的传输速度要多快等。大多数通信协议都是专用的。因此,维修诊断时需要专门的软件。

学习任务3　汽车局域网中的总线

工作情境描述

一位车主说她的大众迈腾汽车仪表上的故障指示灯点亮,车辆无法起动。大众4S店的维修技师用诊断仪读取到有关通信总线的故障码,经过进一步排查,发现发动机控制单元的通信总线受损,导致发动机无法起动。由此可见通信总线在汽车上的重要性。本任务是认识汽车局域网中的总线。

学习目标

通过本任务学习,应能:
1. 正确描述 CAN-BUS 总线概念。
2. 正确描述 CAN-BUS 总线特点、组成、数据传输原理。
3. 正确描述 LIN 总线概念。
4. 正确画出网络拓扑图。

学习时间

8 学时。

学习引导

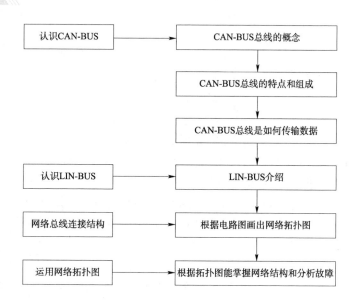

一、知识准备

(一)什么是 CAN-BUS 总线

CAN 是 Controller Area Network 的缩写,称为控制单元的局域网,它是车用控制单元传输信息的一种传送形式。在 20 世纪 80 年代,CAN-BUS 最初是由德国 BOSCH 公司开发。由于汽车上面的功能越来越多,这些功能的实现都是依靠电子操作,这样就使得各个电子装置之间的信息交流越来越频繁、复杂,同时就导致了必须使用更多的信号连接线。这样就使得电子装置的针脚数增加、线路连接复杂、故障率升高、维修困难。在这样的背景下,为了解决现代汽车中数量众多的电子控制装置之间的信息交换,减少不断增加的信号线,便出现了汽车上的局域网络。如图 3-1 所示,车上的线束由少到多,使用局域网后线束又变少。

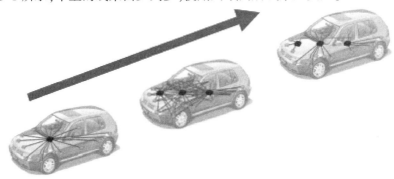

图 3-1 线束数量变化过程

现在汽车上安装的主要控制单元有:发动机控制单元、变速器控制单元、ABS(防抱死制动系统)控制单元、电动助力转向系统控制单元、安全气囊控制单元、空调系统控制单元、车身电气系统控制单元、泊车辅助系统控制单元、信息娱乐系统控制单元等。这些控制单元都要接受各自的传感器信号,同时对各自下面的执行器发出指令,并把一些信息同其他控制单元进行交换,这些控制单元都引出两条线和其他控制单元相连,形成一个网状,每个控制单元都是控制网络上的一个节点,它们就在这两条互通的线上进行信息传输,这两条线就是 CAN-BUS 总线,如图 3-2 所示。

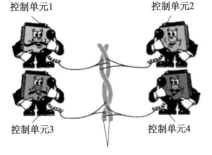

图 3-2 CAN-BUS 总线

既然这些控制单元之间要进行信息交换,那么控制单元之间就必须使用一种通用的语言来互相交流,这种"语言"就叫作通信协议。而为了不同生产厂所制造的控制单元能装在同一辆车上能进行交换数据,所以就必须制订一种标准的通信协议。在 1991 年 9 月 PHILIPS Semiconductors 制定并发布了 CAN 技术规范(2.0 版)。此技术规范包含了 A 和 B 两部分。2.0A 给出了 CAN 报文标准格式;2.0B 给出了标准的和扩展的两种格式。1993 年 11 月国际标准化组织 ISO 颁布了道路交通运输工具数据信息交换—高速通信局域网(CAN)国际标准 ISO11898,为汽车控制单元局域网的标准化和规范化铺平了道路。在 2000 年,美国汽车工程学会(SAE)提出的 J1939,成为货车和客车中控制单元局域网的通用标准。

(二)CAN-BUS 总线的特点和组成

1. CAN-BUS 总线的特点

CAN-BUS 总线其主要特点可以归纳为：

(1)使用 CAN-BUS 总线有利于降低生产成本。
(2)CAN-BUS 总线数据传输速率快,能实时交换信息。
(3)CAN-BUS 上的节点可以分成不同的优先级,可满足不同的实时要求。
(4)数据传输是具有高安全性和可靠性。
(5)正常情况为双线模式工作,特殊情况能以单线模式工作。
(6)使用 CAN-BUS 后,减少了线束数量,能减轻汽车自身质量。
(7)满足国际统一标准 ISO11898 要求。

2. CAN-BUS 总线的组成

CAN-BUS 总线由收发器、数据传输终端、两条数据传输线组成。其中只有数据传输线在外部,其他都在控制单元内部,如图 3-3 所示。

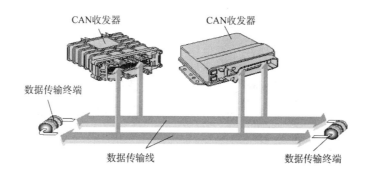

图 3-3 收发器、终端电阻、数据传输线

1) CAN 收发器

安装在控制器内部,同时兼具接收和发送的功能,将控制器传来的数据化为电信号并将其送入数据传输线。

2) 数据传输终端

是一个电阻,防止数据在线端被反射,以回声的形式返回,影响数据的传输。对于 CAN 数据总线高频信号来说,总线导线端部的作用相当于独立的发送器,因此导线端部会产生反向运行的信号,这些信号叠加在有效信号上会造成信号失真,必须在高频网络中总线端部有终端电阻中止信号,否则可能会出现反射。反射过程与撞到码头堤岸上、然后反射并与后续波浪叠加的水波类似,终端电阻的作用就好比沙滩,如果波浪冲到沙滩上,沙滩就会吸收波浪的能量且不会造成波浪叠加。所以在数据总线中须连接一个终端电阻中止数据传输,吸收信号运行到数据导线端部时的能量,如图 3-4 所示。

3) 数据传输线

双向数据线,由双绞线组成。两条数据线分别称为 CAN 高线和 CAN 低线。
使用双绞线是为了防止外界电磁波的干扰,产生的电磁波辐射相互抵消,如图 3-5 所示。

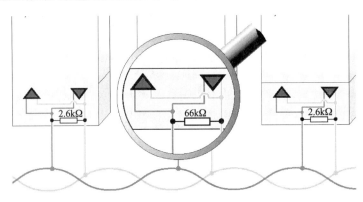

图 3-4 终端电阻

3. CAN-BUS 总线的数据传输

1) 数据总线传输过程

目前信号传递的形式有以下三种:

(1) 模拟信号→每条线一个信号→以电压电阻为基础。

(2) 脉宽调制信号→不同脉宽信号→基于占空比。

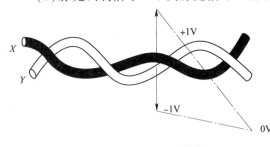

图 3-5 CAN-BUS 双绞线

(3) 数字信号→一根线传输多个信号→基于"位",Bit(位)是二进制数字最小单位。

CAN-BUS 的传输过程:控制单元通过控制器将要发送的数据转换成数字信息,然后交给收发器把数字信息传递到总线上,这时连接在这条总线上的其他控制单元就可以接收到该控制单元发送到总线上的信息;各个控制单元对要接收的信息进行检查,如果是这条信息对自己系统有关,则接收并转化,如果无关,则忽略该信息。

当控制器发送信息时,并不仅仅是数据本身,它同时还带有属性数据打成数据包一起传送。以大众汽车为例,该数据包共有 7 个数据段,分别储存有开始区(1 位)、优先级别区(11 位)、检验区(6 位)、数据区(64 位)、安全区(16 位)、确认区(2 位)和结束区(7 位),如图 3-6 所示。

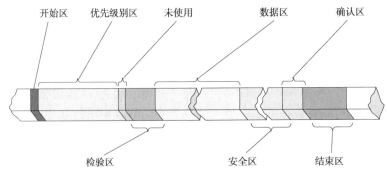

图 3-6 数据段

(1) 开始区:是将要向总线发送信息的标志。

(2)优先级区:确定该条信息的优先级别。因为CAN-BUS采用串行数据传递方式,如果有多个控制器同时需要发出信号,那么在总线上一定会发生数据冲突。所有每一个数据列都有它的优先级。当有多个控制器试图发送信息时,它们自己的接收器为信息优先级进行仲裁,当其他控制器发送的信息优先级高于自己控制器发送信息时,通知自己发送器停止发送,整个控制器进入接收状态。

(3)检验区:表示数据的大小,即字节长短。

(4)数据区:表示发送的信息所对应的数据。

(5)安全区:发送数据和接收信息的控制单元检查和比较所传递信息所发生的变化(数据的错误)。

(6)确认区:每个控制单元,通过这两位被确认信息已正确接收,否则将重新发送信息。

(7)结束区:通过这个区域表示数据传递结束,这里是显示错误并重发数据的最后一次机会。

2)数据总线纠错功能

网络在一根网线与供电线或与搭铁线短路时,系统以降级模式运行。即车辆网络仍能运行,但对电磁干扰更敏感(缺失了H、L两线差动的纠错功能)。CAN H 和 CAN L 两根线之间的电位差可以对于两个不同的逻辑状态进行编码。如果 CAN H − CAN L > 2,那么比特为 0;如果 CAN H − CAN L = 0,那么比特为 1,然后 0、1 信号就通过网络进行传递。最后接收的 S 信号是通过 CAN H 和 CAN L 差动得出,故能良好的起到抗干扰作用,如图 3-7 所示。

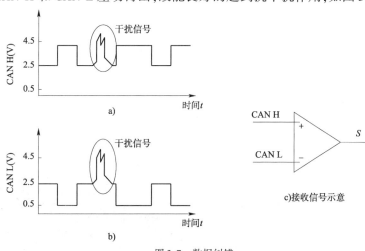

图 3-7 数据纠错

(三)总线的传输介质

1. 双绞线

双绞线是由两根各自封装在彩色塑料套内的铜线互相缠绕而成的。这样的目的是为了降低它们之间的干扰。

双绞线分为屏蔽型和非屏蔽型。屏蔽型是在非屏蔽型外面加上一层有金属丝纺织成的屏蔽层构成的,以提高其抗电磁干扰的能力,如图3-8 所示。

图 3-8 双绞线

如图 3-9 所示为大众汽车使用的三种 CAN 总线,各个系统的 CAN 总线颜色不同,区别主要由 CAN 高线的颜色来区分,CAN 低线的颜色相同。

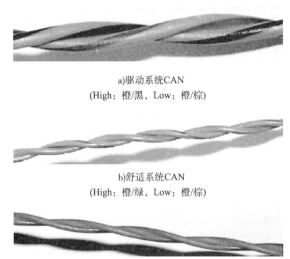

a)驱动系统CAN
(High：橙/黑，Low：橙/棕)

b)舒适系统CAN
(High：橙/绿，Low：橙/棕)

c)信息系统CAN
(High：橙/紫，Low：橙/棕)

图 3-9　大众汽车双绞线

2. 光纤

光纤一般是由玻璃纤维和塑料构成,在折射率较高的纤芯外面用折射率低的反射涂层包裹,再包上一层黑色外套防止光线照射,最外层再包裹一层颜色指示套,如图 3-10 所示。

在光纤中,大部分的光波在内核的表面以全反射的形式曲折前进,所以光纤的弯曲角度不能过大,光纤的弯曲半径不能小于 25cm,否则光线将从内核中逸出,如图 3-11 ~ 图 3-13 所示。

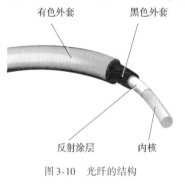

图 3-10　光纤的结构

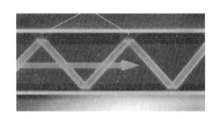

图 3-11　全反射

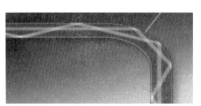

图 3-12　弯曲半径大于 25cm

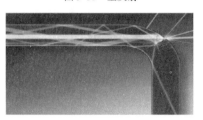

图 3-13　弯曲半径小于 25cm

光纤使用的过程中必须注意以下几点：
(1)不能接触到高温，否则光纤会变形，影响信号传输。
(2)不能污染光纤。
(3)不能划伤光纤，损坏了外面的保护层会影响光信号的传输。
(4)不能弯折光纤，否则会导致断裂。
3. 同轴电缆
同轴电缆的中央是一条单根的铜导线，其外部被一层绝缘材料包裹，绝缘层外面有一个网状的金属屏蔽层。屏蔽层可以屏蔽噪声，也可以做信号的地线使用，最外层是塑料封套，如图3-14所示。

图3-14　同轴电缆

4. 无线电
短程无线通信标准蓝牙(Bluetooth)技术在汽车上的应用，使汽车的多媒体系统与移动设备实现无线连接，省去了连接移动电话、个人信息处理系统及其他一些电子设备的电缆装置。

(四)LIN-BUS总线
1. LIN总线概述
LIN是Local Interconnect Network的缩写。LIN-BUS有主控制器和子控制器之分，整个系统内(主控制器和子控制器，子控制器和子控制器)信息都由LIN-BUS相连，然后由主控制器通过CAN-BUS与外界相连。LIN-BUS是CAN-BUS的子网，但它只有一根数据线，并且没有屏蔽措施。大众汽车的LIN-BUS系统中一个主控制单元最多可以连接16个子控制单元，如图3-15所示。

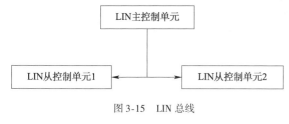

图3-15　LIN总线

2. LIN总线特点
(1)使用LIN-BUS总线成本低，基于通用UART接口，几乎所有微控制器都具备LIN必需的硬件。
(2)LIN-BUS总线采用单主机多从机的模式，无须总线仲裁机制。
(3)极少的信号线即可实现国际标准ISO9141的规定。
(4)不需要改变LIN从节点的硬件和软件就可以在网络上增加节点。
(5)保证信号传输的延迟时间。
(6)从节点不需晶振或陶瓷振荡器就能实现自同步，节省了从设备的硬件成本。

3. LIN总线数据的传输
一个LIN网络由一个主节点，一个或多个从节点组成。所有从节点都有一个从通信任务，该通信任务分为发送任务和接收任务。主节点则有一个主发送任务。一个LIN网络上的通信总是由主节点的主发送任务所发起的，主控制器发送发送一个起始报文，该起始报文由同步断点、同步字节、消息标识符组成。相应的在接受并且滤除消息标识符后，一个从任务被激活并且开始本消息的应答传输。该应答由2(或4或8)个数据字节和一个校验码所组成。起始报文和应答部分构成一个完整的报文帧。

由于LIN报文帧由报文标识符指示其组成，所以这种通信规则可以采用多种方式进行数据交换。

(1)由主节点到一个或多个从节点。

(2)由一个从节点到主节点或其他从节点。

(3)通信信号可以在从节点之间传播,而不经过主节点或者通过主节点广播消息到网络中所有的从节点。

报文帧的时序由主机控制。

4. LIN 总线的应用

LIN 总线主要运用在汽车各个系统的内部,比如车窗系统中左前门和左后门、右前门和右后门之间的通信,车载时钟的通信,刮水器电动机和 BCM(车身控制单元)之间的通信,车内防炫目后视镜的通信等。如图 3-16 所示的电路图显示了 LIN 总线的运用。

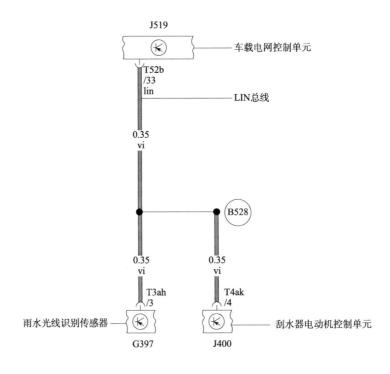

图 3-16 LIN 总线的运用

二、任务实施

项目 1 画出大众迈腾轿车的 CAN-BUS、LIN-BUS 网络拓扑图

1. 项目说明

由于大众迈腾轿车的线束被损坏,其中通信线路受损,导致车辆无法起动,需要该车的网络结构图,以便对故障进行分析,尽快找到故障点。

2. 技术标准与要求

(1)画图之前在纸上做好位置规划。

(2)标出线颜色、针脚号、中间插头。
(3)标出控制单元名称。
3. 设备器材
(1)大众迈腾轿车电路图。
(2)一张白纸。
(3)铅笔和橡皮擦。
(4)直尺。
4. 作业准备
能正确识读大众迈腾轿车的电路图。
5. 操作步骤
(1)在图纸上画出两条平行线,作为动力系统的总线。
(2)翻阅电路图查看在这条总线系统中有哪些控制单元与其相连。
(3)将控制单元分别画在总线两边,用直线分别连接到对应的总线上。
(4)并标出针脚号、导线颜色、中间插头、控制单元名称。
(5)用同种方法画出其他系统的总线图。
6. 分析
根据所画的网络图,讨论可能的故障点,用什么方法去排除故障。

项目2 测量大众迈腾轿车的 CAN-BUS、LIN-BUS 电压

1. 项目说明
在没有示波器的情况下,用万用表测量大众迈腾轿车 CAN-BUS、和 LIN-BUS 的电压和电阻。
2. 技术标准与要求
(1)正确使用万用表。
(2)准确找出大众迈腾轿车的网络总线。
3. 设备器材
(1)万用表。
(2)BOSCH 金德 208 测试线套装。
(3)内饰件撬板。
(4)套装工具。
4. 作业准备
(1)识读大众迈腾轿车的电路图。
(2)标出网络总线的针脚号。
(3)检查万用表。
(4)准备测试导线。
(5)拆下相关的部件,以便测量。
5. 操作步骤
(1)根据表3-1内容,测量相应状态下的 CAN 总线电压。

测量 CAN 总线电压(V)　　　　　　　　　表 3-1

状　　态	类　　型	动力系统 CAN	舒适系统 CAN
正常工作状态	CANH		
	CANL		
休眠静止状态	CANH		
	CANL		

(2)根据表 3-2 内容测量 LIN 总线的电压。

测量 LIN 总线电压(V)　　　　　　　　　表 3-2

项　　目	车窗系统	刮水器电动机	车载时钟
LIN 总线电压			

项目 3　测量大众迈腾轿车的驱动系统 CAN-BUS 电阻

1．项目说明

在前面的学习中我们知道 CAN 总线系统的组成当中含有终端电阻,那么这个电阻值是多大呢？

2．技术标准与要求

(1)正确使用万用表。

(2)准确找出大众迈腾轿车的网络总线。

(3)正确测量电阻值。

3．设备器材

(1)万用表。

(2)BOSCH 金德 208 测试线套装。

(3)套装工具。

(4)其他防护设备。

4．作业准备

(1)识读大众迈腾轿车的电路图。

(2)标出网络总线的针脚号。

(3)检查万用表。

(4)准备测试导线。

(5)拆下相关的部件,以便测量。

5．操作步骤

注意:测量电阻之前必须先断开蓄电池负极,等待 5min。

根据表 3-3 的内容测量电阻值。

测　量　电　阻　值　　　　　　　　　表 3-3

项目	总电阻值	发动机控制单元	变速器控制单元	ABS 控制单元
电阻值(Ω)				

三、学习评价

(一)分析题

(1)分析大众迈腾车的CAN-BUS总线,诊断仪是如何读到发动机控制单元中的数据的。

(2)如何运用万用表检查CAN-BUS总线?

(3)简述大众迈腾车主驾侧的车窗开关是怎样控制右后车窗升降的。

(二)判断题

(1)大众迈腾轿车上只有一种CAN-BUS。   (   )

(2)CAN-BUS总线已经有国际标准。   (   )

(3)CAN-BUS总线使用的传递介质是双绞线。   (   )

(4)CAN-BUS总线中的终端电阻的作用是防止电流过大损坏控制单元。   (   )

(5)CAN-BUS在传输数据时,各个控制单元的数据都是同等级别,不分先后。   (   )

(三)选择题

(1)CAN-BUS总线(   )。

    A. 具有自诊断功能   B. 没有自诊断功能

(2)哪个区域表示发送的信息所对应的数据(   )。

    A. 安全区   B. 结束区   C. 数据区   D. 确认区

(3)CAN-BUS总线的优点是(   )。

    A. 使用CAN-BUS总线有利于降低生产成本

    B. CAN-BUS上的节点可以分成不同的优先级,可满足不同的实时要求

    C. 不具有国际统一标准ISO11898

    D. 使用CAN-BUS后,减少了线束数量,能减轻汽车自身质量

(4)万用表测得LIN总线的电压是(   )。

    A. 12V   B. 5V   C. 6V   D. 8V

(5)CAN-BUS总线是由(   )几部分构成。

    A. 终端电阻   B. 收发器

    C. 控制单元   D. 双绞线

(6)汽车网络传输介质有(   )。

    A. 双绞线   B. 光纤   C. 同轴电缆   D. 蓝牙

(7)光纤的弯曲半径不能(   )。

    A. 大于25cm   B. 小于25cm

    C. 等于25cm   D. 没有要求

四、拓展学习

1. CAN-BUS总线的种类

由于汽车不同控制器对CAN总线的性能要求不同,因此CAN总线系统人为设定为多个不同的区域。

1)以大众汽车为例

(1)驱动系统 CAN 传送速度为 500Kb/s。

(2)舒适系统 CAN 传送速度为 100Kb/s。

(3)信息系统 CAN 传送速度为 100Kb/s。

(4)多功能仪表 CAN 传送速度为 100Kb/s。

(5)诊断总线 CAN 传送速度为 500Kb/s。

(6)LIN 总线传送速度为 20Kb/s。

2)以标致汽车为例

(1)CAN HS I/S 网。CAN 高速网,数据传送速度为 500Kb/s,连接 BSI 和发动机电控单元、自动变速器电控单元、ABS/ESP 电控单元。网线编码:CAN H"9000"与 CAN L"9001"。CAN HS I/S 网不能"容错",当两根网线中的任意一根短路或断路时,该网络不再工作。

(2)CAN LS 车身网。CAN 低速网,数据传送速度为 125Kb/s,连接 BSI 和车身网上的发动机舱伺服控制盒、安全气囊电脑、防盗报警控制盒、转向盘下转换模块等电控单元。网线编码:CAN H"9024"与 CAN L"9025"。

(3)CAN LS 舒适网。CAN 低速网,数据传送速度为 125Kb/s,连接 BSI 和舒适网上的组合仪表、空调电控单元、泊车辅助电控单元、RD4 收音机、RNEG 导航系统、USB 盒等电控单元。网线编码:CAN H"9017"与 CAN L"9018"。

(4)LIN 网。数据传送速度为 19.2Kb/s,连接驾驶员侧车门控制面板、前乘客侧后视镜记忆控制盒、车窗升降器控制盒/电机总成、AFS 前照灯电控单元等。

2. 网关

由于不同区域 CAN-BUS 总线的速率和识别代号不同,因此一个信号要从一个总线进入到另一个总线区域,必须把它的识别信号和速率进行改变,能够让另一个系统接受,这个任务由网关(Gateway)来完成。另外,网关还具有改变信息优先级的功能。如车辆发生相撞事故,气囊控制单元会发出负加速度传感器的信号,这个信号的优先级在驱动系统是非常高,但转到舒适系统后,网关调低了它的优先级,因为它在舒适系统中的功能只是打开车门和车灯,如图 3-17 所示。

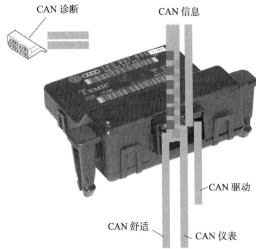

图 3-17 网关和 CAN 总线

学习任务 4　车载网络系统通信

工作情境描述

维修技师在对大众 CC 轿车用诊断仪进行诊断的时候,出现了诊断仪无法与车辆通信的现象,在确定诊断仪正常之后,需要对车辆的诊断通信系统进行故障检查。

学习目标

通过本任务学习,应能:

1. 正确描述汽车控制单元通信的基本知识。
2. 正确描述 CAN 总线的分层结构。
3. 正确描述 CAN 的仲裁机制。
4. 正确描述 CAN 的错误检查机制。

学习时间

8 学时。

学习引导

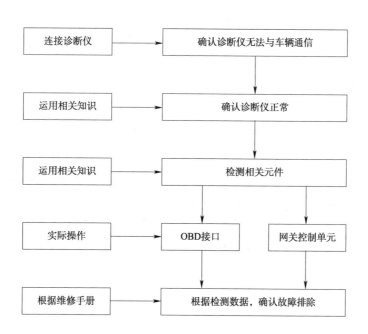

一、知识准备

(一)通信的概念

1. 通信接口

通信接口(Communication Interface)是指中央处理器和标准通信子系统之间的接口。

汽车 ECU 之间的通信接口。一般包括物理、电气、逻辑和过程四个方面。

(1)物理方面是指连接器的结构形式。

(2)电气方面是指接口的电路信号电压及变化特征。

(3)逻辑方面是指如何将数据位或字符变成字段,说明传输控制字符的功能和使用,换句话说,通信接口逻辑说明是一种控制和实现穿越接口交换数据流的语言。

(4)过程方面是指规定通信过程控制字符的顺序,各种字段法定内容以及控制数据流穿越接口的命令和应答。如果将逻辑说明看成确定数据流穿越接口的语法,那么过程说明就可以作为语义了。

2. 通信协议的要素

通信协议是指双方实体完成通信或服务所必须遵循的规则和约定。通过通信信道和设备互连起来的多个不同地理位置的数据通信系统,要使其能协同工作实现信息交换和资源共享,它们之间必须具有共同的语言。交流的内容、如何交流及何时交流,都必须遵循某种互相都能接受的规则。这个规则就是通信协议。

通信协议主要由以下三个要素组成:

(1)语法。指的是通过哪种格式通信,包括逻辑说明、说明报头、字段、命令、和应答结构。

(2)语义。指的是通信双方交流的内容,包括数据内容、含义以及确定协调和差错处理的控制信息。

(3)定时规则(时序)。指的是在何时进行通信,明确通信的顺序、速率匹配和排序。解决了在什么时候讲的问题。

3. 网络标准分类

1) A 类网络标准

A 类网的主要总线是 TTP/A(Time Triggered Protocol)和 LIN(Local Interconnect Network)。

TTP/A 协议最初由维也纳工业大学制订,为时间触发类型的网络协议,主要应用于集成了智能变换器的实时现场总线。它具有标准的异步收发传输器(UART),能自动识别加入总线的主节点与从节点,节点在某段已知的时间内触发通信但不具备内部容错功能。

LIN 是在 1999 年由欧洲汽车制造商 Audi、BMW、Daimler Chrysler、Volvo、Volkswagen、VCT 公司以及 Motorola 公司组成的 LIN 协会,共同推出的用于汽车分布式电控系统的开放式的低成本串行通信标准,2003 年开始使用。

LIN 是一种基于 UART 的数据格式、主从结构的单线 12V 的总线通信系统,主要用于智能传感器和执行器的串行通信。

从硬件、软件以及电磁兼容性方面来看,LIN 保证了网络节点的互换性,极大地提高了开发速度,同时保证了网络的可靠性。

LIN 协议应用开发的热点集中在美国、欧洲和日本。估计在未来 10 年中,平均每辆车将有 LIN 节点 20 个左右。这样全世界每年将生产 12 亿个 LIN 节点。可见,LIN 的应用存在着巨大的潜在市场,协议本身也会在不断应用中得到完善。

LIN 网络已经广泛地被世界上的大多数汽车公司以及零配件厂商所接受,有望成为事实上的 A 类网络标准。

2)B 类网络标准

(1)B 类网络的使用情况。从目前来看,主要应用的 B 类总线标准有三种:低速 CAN、J1850 和 VAN。

(2)1994 年美国汽车工程师协会(SAE)正式将 J1850 作为 B 类网络标准协议。最早,SAE J1850 用在美国 ForD. GM 以及 Chrysler 公司的汽车中;现在,J1850 协议作为诊断和数据共享被广泛应用在汽车产品中。但是 J1850 并不是一个单一的标准。Ford 采用的 J1850 标准,其物理层与 GM 和 Chrysler 公司使用的不同;而 GM 和 Chrysler 公司在相同的物理层上又使用不同的数据帧格,并且三个公司使用各自的消息协议。

(3)VAN 标准是 ISO 于 1994 年 6 月推出的,它基于 ISO115193,主要为法国汽车公司所用。但目前就动力与传动系统而言,甚至在法国也集中在 CAN 总线上。

(4)CAN 是德国 Bosch 公司从 20 世纪 80 年代初,为解决现代汽车中众多的控制与测试仪之间的数据交换问题而开发的一种串行数据通信协议。它是一种多主线,通信介质可以是双绞线、同轴电缆或光导纤维,通信速率可达 1Mb/s。1991 年首次在奔驰 S 系列汽车中实现。同年,Bosch 公司正式颁布了 CAN 技术规范,版本 2.0。该技术规范包括 A 和 B 两部分。1993 年 11 月,ISO 正式颁布了国际标准 ISO11898,为 CAN 的标准化、规范化铺平了道路。1994 年,美国汽车工程师协会卡车和巴士控制与通信子协会选择 CAN 作为 SAEJ1939 标准的基础。低速 CAN 具有许多容错功能,一般用在车身电子控制中;而高速 CAN 则大多用在汽车底盘和发动机的电子控制中。

(5)CAN 总线凭借其突出的可靠性、实时性和灵活性已从众多总线中突显出来,成为世界接受的 B 类总线的主流协议。

3)C 类网络标准

C 类标准主要用于与汽车安全相关及实时性要求比较高的地方,如动力系统,所以其传输速率比较高,通常在 125～1000Kb/s 之间,必须支持实时的周期性参数传输。

C 类网络中的主要协议包括高速 CAN(ISO118982)、正在发展中的 TTP/C 和 Flex Ray 等协议。

TTP/C 协议由维也纳工业大学研发,基于 TDMA 的访问方式。TTP/C 是一个应用于分布实时控制系统的完整的通信协议。

它能够支持多种容错策略,提供容错的时间同步以及广泛的错误检测机制,同时还提供节点的恢复和再整合功能。其采用光纤传输的工程化样品速度将达到 25 Mb/s。TTP/C 支持时间和事件触发的数据传输。TTP 管理组织 TTA Group 成员包括奥迪、SA. Renault、NEC. TT Chip、Delphi 等。

Flex Ray 是 BMW、Daimler Chrysler、Motorola 和 Philips 等公司制订的功能强大的通信网络通信协议。它是基于 FTDMA 的确定性访问方式,具有容错功能及确定的通信消息传输时间,同时支持事件触发与时间触发通信,具备高速率通信能力。Flex Ray 采用冗余备份的办法,对高速设备可以采用点对点方式与 Flex Ray 总线控制器连接,构成星型结构,对低速网络可以采用类似 CAN 总线的方式连接。

欧洲的汽车制造商基本上采用高速 CAN 总线标准 ISO11898。总线传输速率通常在 125~1000Kb/s 之间。据 Strategy Analytics 公司统计,2001 年用在汽车上的 CAN 节点数目超过 1 亿个。然而,作为一种事件驱动型总线,CAN 无法为下一代线控系统提供所需的容错功能或带宽,因为 X-by-Wire 系统实时性和可靠性要求都很高,必须采用时间触发的通信协议,如 TTP/C 或 Flex Ray 等。

就目前来说,CAN 协议仍为 C 类网络协议的主流,但随着下一代汽车中引进 X-by-Wire 系统,TTP/C 和 Flex Ray 将显示出优势。它们之间的竞争还要持续一段时间,在未来的线控系统中,到底哪一种标准更具有生命力尚难定论。

4)诊断系统总线标准

使用诊断系统的目的主要是为满足 OBD(On Board Diagnose)Ⅱ、OBDⅢ 或 EOBD(European On Board Diagnose)标准。

OBDII 随车电脑诊断系统,由美国汽车工程学会 1994 年提出。1994 年以来,美、日、欧一些主要汽车生产厂为了维修方便逐渐使用 OBDII 随车诊断系统。这一系统集故障自诊断系统软硬件结构、故障代码、通信方式系统、自检测试模式为一体,具有监视发动机微机和排放系统部件的能力。

2004 年,美国 GM、ForD. DC 三大汽车公司对乘用车采用基于 CAN 的 J2480 诊断系统通信标准。在欧洲,以往诊断系统中使用的是 ISO9141。它是一种基于 UART 的通信标准。从 2000 年开始,欧洲汽车厂商就已经开始使用一种基于 CAN 总线的诊断系统通信标准 ISO15765。ISO15765 是遵照 ISO142303 及 ISO150315 中有关诊断服务的内容来制定的,因此,ISO15765 对于 ISO14230 应用层的服务和参数完全兼容,但并不限于只用在这些国际标准所规定的场合。

(二)汽车网络通信标准

CAN 结构的通信涉及其中的两层:数据链路层和物理层。

逻辑链路控制(LLC)子层是局域网通信体系结构的最高层,该子层的主要用途在于提供 LLC 用户之间通过受控的 MAC 链路进行数据交换的手段。

1. LLC 服务的诸形式

LLC 向高层提供的服务有三种类型:面向连接的服务、确认无连接服务、不确认无连接服务。

1)面向连接的服务

(1)两个 LLC 用户之间建立一条逻辑连接,包括建立连接、数据传输、断开连接三个阶段。

(2)实时性好、可靠性高、顺序性好。

2)不确认无连接服务

(1)不同系统的 LLC 用户之间需要事前商定使他们能交换数据,为了起始一个数据单元的传输,就要求进行一次服务访问。

(2)数据传输不可靠、顺序性差、实时性差。

3)确认无连接服务

对每个发送数据单元都能及时确认。

2. 流量控制

(1)流量控制是保证发送实体不会因过量的数据而把接收实体冲垮。在无流量控制的情况下,接收方的缓冲区可能被新的数据填满后溢出。

最简单的停止—等待式的流量控制形式能支持确认的无连接 LLC 服务。

过程:源实体发送一个数据单元被接收后,由目的实体发回一个对刚收到的该数据单元的确认,用以表示它愿意接收另一个数据单元。源实体必须进行等待,直到收到该确认后才能发送下一个数据单J\a。

(2)逻辑链路控制子层的服务访问点 LLC SAP 在一个主机的 LLC 子层上面应设有多个服务访问点,以便向多个进程提供服务。需用到两个地址:

①MAC(介质访问控制)地址。

②SAP 地址。

(3)LLC 协议。

①LLC 帧的说明:

a. 没有分界符及校验字段。

b. LLC 帧是 MAC 帧中的数据字段。

c. 有源地址(源服务访问点),这样适应于点-点、点-多点发广播式通信。

②LLC 帧控制字段和 HDLC 中的控制字段一样,控制字段将 LLC 帧分为信息帧、管理监控帧、无编号帧,分别完成不同的功能。

(4)LLC/MAC 的接口用服务原语实现:MA-DATA. request;MA-DATA. indication;MA-DATA. confirm。

媒体访问控制策略,在所有的媒体访问控制技术中,最关键的参数是控制点和控制方法。

①集中方式具有以下的优点:

a. 能提供除了对媒体访问外的其他更高级的功能,如优先级控制、可靠性等。

b. 每个站点的访问控制逻辑简单。

c. 避免对等实体间进行分布合作可能带来的问题。

②集中方式具有以下缺点:

a. 在整个网络中,如果控制点不能工作,则会导致整个网络瘫痪。

b. 由于所有对共享媒体的访问要经过控制站点的允许,可能会形成瓶颈,降低效率。

分布式媒体访问控制方式的优缺点正好与集中方式相反。

一般可以将访问控制技术分为两种:同步和异步。

在同步技术中,整个信道带宽被分割成许多部分,每一部分被分配给某一个站点。在电路交换中的频分多路复用(FDM)和时分多路复用(TDM)技术就属于这种同步机制。

异步技术分为三种:时间片轮转、预约和竞争。

在时间片轮转中,每个节点按照一定的时间顺序得到传输时间。

预约技术更适合于传输连续数据的情况。

对突发性的数据传输,竞争是最常用的机制。

3. MAC 帧格式

MAC 格式如图 4-1 所示。

| MAC控制 | DA | SA | LLA | CRC |

图 4-1 MAC 格式

由于采用不同的 MAC 协议,各 MAC 帧的确切定义不尽相同,但是所有的 MAC 帧的格式都大致类似。MAC 帧各字段的含义如下:

1) MAC 控制字段

该字段包括所有实现媒体访问控制所必需的协议控制信息。

(1) DA 和 SA:目的地址和源地址,用于指示接收端和发送端的 MAC 地址。

(2) LLC:来自于 LLC 层的数据信息。

(3) CRC:循环校验字段,用于差错控制。

2) 帧结构

(1) 前导码:用于收发双方的时钟同步。

(2) 帧起始定界符:表示帧的开始。

(3) 目标地址和源地址。

① 数据域长度:用于指明数据域的字节数。

② 数据域:用于携带 LLC PDU(协议数据单元)。

③ 填充域:必要时用于填充帧,使帧长达到最短有效长度。

④ 校验字段:4 个字节,使用 32 位的 CRC 校验。

(4) MAC 子层功能说明。如图 4-2 所示,MAC 子层有两个主要的功能。一是数据的封装与解封,包括组帧、寻址和错误检测;另一个是介质访问管理,包括介质分配和冲突解决。

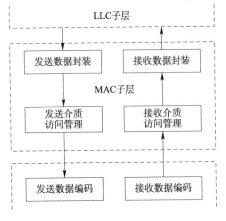

图 4-2 MAC 子层

(三) CAN 仲裁机制

1. 仲裁

当总线开放时,任何单元均可以开始发送报文,若同时有两个或者更多的单元开始发送,总线访问冲突运用逐位仲裁规则,借助标示符 ID 解决,这种仲裁规则可以使信息和时间均无损失。若具有相同标示符的一个数据帧和一个远程帧同时发送,数据帧优先于远程帧,仲裁期间,每个发送器都对发送位电平与总线上检测到的电平进行比较,若相同,则该单元可以继续发送。当发送一个隐性电平,而在总线上检测为显性电平时,该单元退出仲裁,并不再传送后继位了。

2. CAN 总线

CAN 总线是一种基于优先级的串行通信网络,采用载波监听多路转换冲突避免协议,CAN 总线中传输数据帧的起始部分为数据的标识符,标识符可以区分消息又可以表示消息的优先级(0 的优先级最高)。CAN 总线为多主工作方式,网络上任意一节点均可在任意时刻主动向网络上的其他节点同时发送消息。若两个或两个以上的节点同时开始传送报文,就会产生总线访问冲突,根据逐位仲裁原则,借助帧开始部分的标识符,优先级低的节点主动停止发送数据,而优先级高的节点继续发送信息。在仲裁期间,CAN 总线做"与"运算,每一个节点都对节点发送的电平与总线电平进行比较,如果电平相同,则节点可以继续发送。如规定 0 的优先级高,当某一个节点发送 1 而检测到 0 时,此节点知道有更高优先级的信息在发送,它就停止发送消息,直到再一次检测到网络空闲。

3. CAN 总线的通信模式

CAN 总线采用的是一种叫作"载波监测,多主掌控/冲突避免"(CSMA/CA)的通信模式。这种总线仲裁方式允许总线上的任何一个设备都有机会取得总线的控制权并向外发送数据。如果在同一时刻 2 个或 2 个以上的设备要求发送数据,就会产生总线冲突,CAN 总线能够实时地检测这些冲突并对其进行仲裁,从而使具有高优先级的数据不受任何损坏地传输。

当总线处于空闲状态时呈隐性电平,此时任何节点都可以向总线发送显性电平作为帧的开始。如果 2 个或 2 个以上信息同时发送就会产生竞争。CAN 总线解决竞争的方法同以太网的 CSMA/CD(Carrier Sense Multiple Access with Collision Detection)方法基本相似,如图 4-3 所示。此外,CAN 总线做了改进并采用 CSMA/CA(Carrier Sense Multiple Access with Collision Avoidance)访问总线,按位对标识符进行仲裁。各节点在向总线发送电平的同时,也对总线上的电平读取,并与自身发送的电平进行比较,如果电平相同继续发送下一位,不同则停止发送退出总线竞争。剩余的节点继续上述过程,直到总线上只剩下 1 个节点发送的电平,总线竞争结束,优先级高的节点获得总线的控制权。

CAN 总线以报文为单位进行数据传输,报文的优先级结合在 44 位标识符中(扩展帧的标识符 29 位),具有最小二进制数的标识符的节点具有最高的优先级。这种优先级一旦在系统设计时确定就不能随意地更改,总线读取产生的冲突主要靠这些位仲裁解决。之所以 CAN 总线不采用以太网使用的延时避免冲突,主要是为了保证具有更高优先级的节点能够完整地实时传输,而且 CSMA/CA 可以有效地避免冲突。

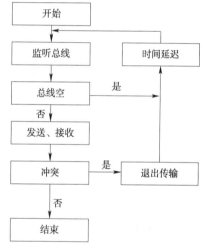

图 4-3 控制逻辑

如图 4-4 所示,节点 A 和节点 B 的标识符的第 10、9、8 位电平相同,因此两个节点侦听到的信息和它们发出的信息相同。第 7 位节点 B 发出一个"1",但从节点上接收到的消息却是"0",说明有更高优先级的节点占用总线发送消息。节点 B 会退出发送处于单纯监听方式而不发送数据;节点 A 成功发送仲裁位从而获得总线的控制权,继而发送全部消息。总线中的信号持续跟踪最后获得总线控制权发出的报文,本例中节点 A 的报文将被跟踪。这种非破坏性位仲裁方法的优点在于:在网络最终确定哪个节点被传送前,报文的起始部分已经在网络中传输了,因此具有高优先级的节点的数据传输没有任何延时。在获得总线控制权的节点发送数据过程中,其他节点成为报文的接收节点,并且不会在总线再次空闲之前发送报文。

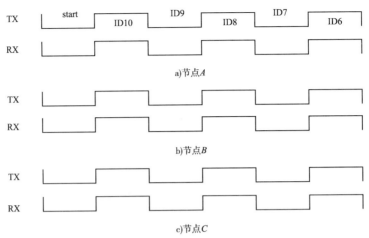

图 4-4 节点 A 和节点 B 电平

CAN 非破坏性逐位仲裁,如图 4-5 所示。

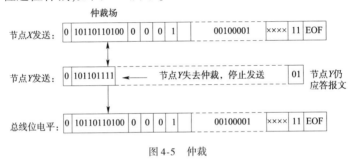

图 4-5 仲裁

4. CAN 总线上节点的电平逻辑

总线上的节点电平对于总线电平而言是相与的关系,只有当 3 个节点的电压都等于 1 隐性电平,总线才会保持在 V_{CC}(隐性电平)状态。只要有 1 个节点切换到 0 状态(显性电平),总线就会被强制在显性状态(0)。这种避免总线冲突的仲裁方式能够使具有高优先级的消息没有延时地占用总线传输,如图 4-6 所示。

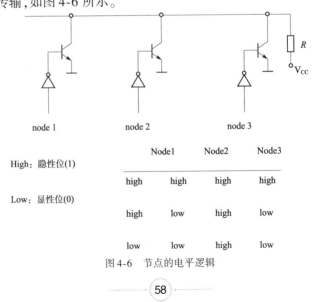

图 4-6 节点的电平逻辑

按位仲裁是CAN总线特有的仲裁方式,显性位覆盖隐性位。优先级高的报文根据此机制抢占总线,优先级低的报文退出竞争。正因为CAN有这样的仲裁机制,它难以抵抗高优先级攻击和重发报文攻击。

(四)CAN的错误检测机制

1. CAN网络

CAN网络具有严格的错误诊断功能。该功能已固化在硅片中,一旦错误被检测,正在传送的数据帧将会立即停止而待总线空闲时重新发送直至发送成功,该过程并不需要CPU的干涉除非错误累计该发送器进入总线关闭。可检测的错误包括:位错误、填充错误、ACK错误、格式错误、CRC错误。

2. CAN节点

CAN节点可以区分常规错误和永久故障。有故障的发送节点将切换到离线状态。离线意味着在逻辑上与总线断开,不能发送也不能接收。

处于主动错误状态的节点能正常参与总线通信的收发和当检测到错误时将发送主动错误标志,错误标志由6个连续的显示位组成,这种连续的6个显示位于常规的填充位和其他帧固定格式不相同,正因为如此,硬件才容易区别。主动错误帧格式如图4-7所示。

图4-7 主动错误帧格式

处于被动错误状态的节点不能发送主动错误标志。它能参与正常通信,但当检测到错误时发送的是被动错误标志。被动错误标志由6个连续的隐性位组成。当发送结束后,处于被动错误状态的节点在下一次再次发送时之前需要等待一些额外时间。被动错误帧的帧格式如图4-8所示。

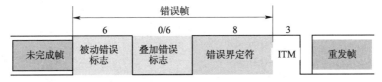

图4-8 被动错误帧的帧格式

BUS-OFF(离线)状态下节点不允许对总线产生任何影响,此时节点既不会发送任何报文或是发送ACK应答、错误帧、过载帧。节点是否能够接收总线报文取决于实际应用情况。

3. CAN协议描述的出错管理

完全由硬件通过发送错误计数器和接收错误计数器来实现,其值根据错误的情况而增加或减少。软件可以读出它们的值来判断CAN网络的稳定性。

错误帧的发送

(1)位错误,如图4-9所示。

(2)格式错误,如图4-10所示。

(3)CRC错误,如图4-11所示。

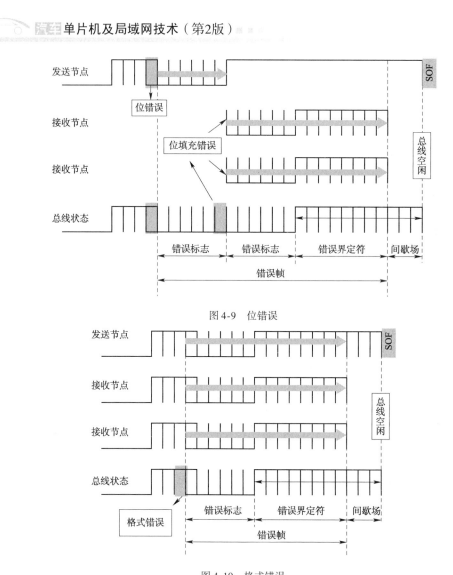

图 4-9 位错误

图 4-10 格式错误

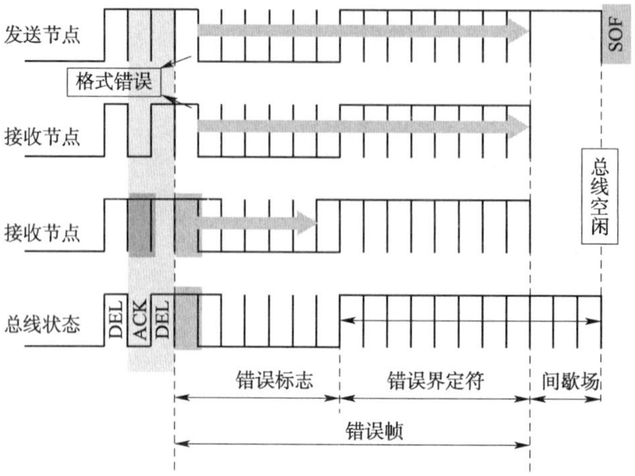

图 4-11 CRC 错误

(五)物理层

1. 物理层概述

物理层为连接总线与节点之间的电路。CAN 总线上的节点总数受总线负载的限制。

作为推荐,常用的 500Kb/s 信号通信速率的网络,应当支持最多 16 个节点和最少 2 个节点之间的信息传输,125Kb/s 和 250Kb/s 信号通信速率的网络,应当支持最多 32 个节点少 2 个节点之间的信息传输。

根据 ISO/IEC8802-3,物理层(PL)分为三个部分,如图 4-12 所示。

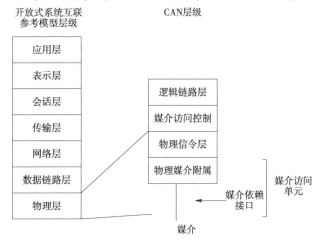

图 4-12　物理层

(1)物理信令层(PLS)。包含的功能与位表示、定时和同步相关。

(2)物理媒介附属(PMA)。包含总线发送/接收功能电路的电器特性。

(3)媒介依赖接口(MDI)。包括物理媒介和与 MAU 间的机械和电气接口。

物理信令层(PLS)技术是指在位时间内,CAN 协议集成电路执行总线管理功能,如 CAN 节点同步行为、网络传输延时补偿和采样点定位等。

2. 位时间

标准位速率(BR)给出了理想状态下发送器在没有重新 N 步的情况下每秒发送的位数量。

标准位时间 t_B 为标准位速率的倒数($t_B = 1/BR$)。标准位时间可划分为 4 个不重叠的时间片段,如图 4-13 所示。

图 4-13　位时间

(1)同步段:位时间中的这部分用于同步总线上不同的节点。这一段内要有一个跳变沿。

(2)传播时间段:传播时间段用于补偿网络内的物理延时时间。这些延时时间包括总线上的信号传输时间和 CAN 节点内部延时。

(3)相位缓冲段1、相位缓冲段2:相位缓冲段用于补偿跳变沿相位错误。这两个段可以通过重新 N 步加长或者缩短。

(4)采样点:采样点是读总线电平并解析各个位的值的一个时间点。采样点位于相位缓冲段1之后。

(5)信息处理时间:信息处理时间是以采样点作为起始,用于后续位电平的计算的时间段。

(6)同步跳转宽度(SJW):重新同步的结果使相位缓冲段1增长,或使相位缓冲段2缩短。相位缓冲段的加长或缩短的数量有一个上限,此上限由同步跳转宽度给定。

(7)内部延迟时间:CAN 节点内部延迟时间,是发生在发送或接收过程中的异步延时的总和,涉及独立的 CAN 节点协议 1C 的位定时逻辑单元,如图4-14 所示。

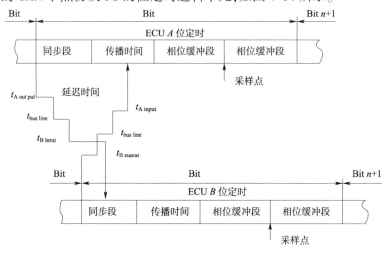

图 4-14 内部延迟时间

3. 位时间的规划

1)时间份额

时间份额楚派生于振荡器周期的固定时间单元。存在有一个可编程分频器,采用积分值,范围为 1~32,以最小时间份额为起点,时间份额的长度为:

$$时间份额 = m \times 最小时间份额$$

式中:m——预比例因子。

2)时间段的标称长度(在非同步情况下)

(1)同步段的长度为一个时间份额。

(2)信息处理时间小于或等于两个时间份额。

(3)传播时间段的长度可设置为 1,2,3,…8 或者更多时间份额。用于补偿实际网络中的延迟时间,取整为最近的整数时间份额。

(4)相位缓冲段1的长度可设置为 1,2,3,…8 或者更多时间份额。

(5)相位缓冲段2取相位缓冲段1和消息处理时间的最大值。

(6)SJW 为可编程值,在1与相位缓冲段1和4的最小值之间取值。

(7)没必要分别设置传播时间段和相位缓冲段1的长度,设置好二者的总和就足够了。

(8)一个位时间中 t_q 总数可设置为至少 8~25 个。

为了提供一个系统范围的规定的时间份额,不同节点的晶振频率必须保持一致。协议 TC 的晶振容差和潜在的错误同步由相位缓冲段 1 和相位缓冲段 2 决定。

4. 同步

1) 硬件同步和重新同步是同步的两种形式

在一个位时间里只允许一个同步(在两个采样点之间)。它们遵循以下规则:

(1) 仅当采集点之前探测到的值与紧跟沿之后的总线值不相符合时,才把隐性到显性边沿用于同步。

(2) 总线空闲期间(除了空闲的第一个位),若有隐性到显性的边沿,无论何时,都会执行硬同步。

(3) 符合(1)和(2)的所有其他的隐性到显性边沿可以用于重新同步。有一例外情况,当发送一显性位的节点不执行重新同步而导致隐性到显性边沿,此沿具有正的相位误差。

2) 同步沿的相位误差

一个沿的相位误差 e,由相关同步段的沿的位置给出,以时间份额为量度。相位误差定义如下:$e=0$ 如果沿处于同步段里;$e>0$ 如果沿位于采集点之前;$e<0$ 如果沿处于前一个位的采集点之后。

3) 硬同步

硬同步后,位定时逻辑单元会让位时间从同步段重新开始。因此,硬同步将迫使引起硬同步的跳变沿处于重新开始的位时间同步段之内。

4) 位重同步

当引起重新同步的跳变沿的相位误差的幅值小于或等于重新同步跳转宽度的设走值时,重新同步加长或缩短位时间来调整采样点的位置。当相位错误的量级大于重新同步跳转宽度时:

如果相位误差 $e>0$,则相位缓冲段 1 增加一个与重新同步跳转宽度相等的值,

如果相位误差 $e<0$,则相位缓冲段 2 缩短一个与重新同步跳转宽度相等的值。

如果相位缓冲段 2 缩短至一个小于信息处理时间的值,子序列位电平的计算在相位缓冲段 2 的末尾完成。

振荡频率容许范围,标称振荡频率 f_{nom} 在振荡频率 f_{osc} 容许范围内,该范围取决于相位缓冲段 1、相位缓冲段 2、重新同步 跳转宽度(SJW)和位时间。

(六) 网络标准

1. ASE-J1850

ASE-J1850 是美国汽车工程师协会制定的汽车通信协议标准,通过汽车通信协议标准的制定,可以满足汽车在自诊断方面的通用性和设计规范的标准化。

在 J1850 总线上,消息以数字信号形式的传输,数字信号的显性位优先级高于隐性位优先级。当总线被高优先级的消息占用时,低优先级的消息被停止发送,只有当总线空闲时被停止发送的消息才能被再次发送,这是为了避免总线上消息冲突而导致消息的丢失。在判断是否应该接收总线所传输的消息时,J1850 协议采用全帧比较的方式,即从帧起始位开始一位一位进行比较,直到帧结束为止。此方式不会破坏帧结构和内容,这种非破坏式冲突解决的方法也是该协议的核心。J1850 协议没有严格地定义可能出现的帧错误。但是,它采用 CRC 校验法

则来检测错误帧。当发送站点检测到自己发送的帧信息出现错误时,它会自动中断发送过程。而接收此消息的站点收到这个错误帧时会完全抛弃该帧。J1850 应用层主要用于操作信息提示和故障诊断。SAE 已经进一步扩充了该协议,并把扩充部分写入 J2178 协议之中。

就车用电子的总线分类而言,J1850 属于 B 级(Class B)的总线,B 级总线的速率约在 20～125Kb/s 间,较此更低速的为 A 级总线,速率低于 20Kb/s,最知名的即是 LIN-BUS。B 级总线的主要用途为车用信息中心、仪表显示、故障检测诊断等。由于 J1850 的实际运用混乱,因此有逐渐淘汰的趋势,现在车用信息中心、仪表显示、故障检测诊断等都已采用低速或者高速 CAN-BUS 总线。

2. IDB(ITS Data Bus)

智能交通系统 ITS(Intelligent Transportation System)使汽车运行更加安全、便利。汽车上的电子装备,如传输、计算、导航、定位、娱乐、办公设备等越来越多。但由于汽车网络不同,设备制造商不得不制造不同网络标准的产品,以适应不同网络标准的汽车。智能交通系统结构图如 4-15 所示。

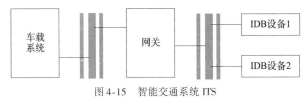

图 4-15　智能交通系统 ITS

二、任务实施

项目　检查车辆诊断通信网络

1. 项目说明

维修技师在对一辆大众 CC 轿车用诊断仪进行诊断的时候,出现了诊断仪无法与车辆通信的现象,在确定诊断仪正常之后,需要对车辆的诊断通信系统进行检查。

2. 技术标准与要求

(1)每个学员独立完成此项目。

(2)正确使用工具。

3. 设备器材

(1)大众 CC 轿车一辆。

(2)大众 CC 轿车电路图

(3)万用表。

(4)BOSCH 金德 208 测试线套装

4. 作业准备

(1)套上车内五件套。

(2)翻阅电路图。

(3)查出 OBD 接口各个针脚的含义,如图 4-16 所示。

图 4-16　OBD 接口

(4)找出网关的位置和针脚含义。

(5)准备作业单。

5.操作步骤

(1)选择合适的测试线。

(2)测量诊断接口电源。

(3)测量诊断CAN总线电压。

(4)测量网关控制单元的电源。

6.记录与分析

把测量的电压值填在表4-1中,分析判断故障原因,得出结论。

OBD诊断接口端子电压　　　　　　　　　　　　　　　　　表4-1

端子号	1号端子	2号端子	3号端子	4号端子	5号端子	6号端子	7号端子	8号端子
端子含义								
正常电压								
实测电压								
端子号	9号端子	10号端子	11号端子	12号端子	13号端子	14号端子	15号端子	16号端子
端子含义								
正常电压								
实测电压								

三、学习评价

(一)分析题

(1)通信协议的概念是什么？通信协议有哪几个要素？

(2)节点有哪几种状态？

(3)CAN总线错误处理机制可以处理哪几种错误？

(4)请简述仲裁的过程。

(二)选择题

(1)汽车ECU之间的通信接口一般包括( )方面。

　　A.物理　　　　　　B.电气　　　　　　C.逻辑　　　　　　D.过程

(2)通信协议可以分为( )。

　　A.直接型　　　　　B.间接型　　　　　C.机构化型　　　　D.通用型

(3)不同的CAN线可以通过( )实现互联。

　　A.双绞线　　　　　B.控制单元　　　　C.网关　　　　　　D.收发器

(4)( )属于标称位时间。

　　A.相位缓冲段1　　 B.同步段　　　　　C.传播段　　　　　D.速率段

(5)关于硬同步的正确说法是( )。

　　A.硬同步后,位定时逻辑单元会让位时间从同步段重新开始。因此,硬同步将迫使引

起硬同步的跳变沿处于重新开始的位时间同步段之内
  B. 硬同步后,位定时逻辑单元会不让位时间从同步段重新开始。因此,硬同步将迫使引起硬同步的跳变沿处于重新开始的位时间同步段之内
  C. 硬同步后,位定时逻辑单元会让位时间从同步段重新开始。因此,硬同步将迫使引起硬同步的跳变沿处于重新开始的位时间同步段之外
  D. 硬同步后,位定时逻辑单元会让位时间从重新同步段开始。因此,硬同步将迫使引起硬同步的跳变沿处于重新开始的位时间同步段之内

(6) 物理层(PL)分为( )部分。
  A. 物理信令层(PLS)包含的功能与位表示、定时和同步相关
  B. 物理媒介附属(PMA)包含总线发送/接收功能电路的电器特性
  C. 媒介依赖接口(MDI)包括物理媒介和与 MAU 间的机械和电气接口
  D. 以上都不是

(7) 汽车内联网络标准是( )。
  A. IDB   B. ISO11898
  C. J1852   D. ISO11758

四、拓展学习

用于排放控制的车载诊断系统(OBD)

1) OBD 系统

OBD 是 On Board Diagnostics 的缩写,指用于排放控制的车载诊断系统,它具有识别可能的故障区域的能力,用储存在计算机存储器内的故障码来显示。

2) OBD 的作用

(1) 检测到排放相关故障时,OBD 系统用仪表板上的 MIL 灯报警。

(2) 故障车可以及时得到修理,减少车辆排放。

(3) OBD 系统有助于技师迅速诊断,对症修理,降低维修成本。

3) OBD 的历史背景

OBD-Ⅰ:1988 年美国加州,为了减少由于排放控制硬件失效造成排放升高。

OBD-Ⅱ:1994 年美国加州 OBD-Ⅱ。

世界范围的 OBD 法规(如:E-OBD、US-OBD、J-OBD 等)。

E-OBD:欧洲自 2000 年 1 月 1 日通过欧盟法规开始生效。

4) 法规要求 OBD 系统监测的对象

OBD 系统检测对象:

(1) 催化器诊断:仅监测 HC 来判断催化器的转化效率。

(2) 失火诊断。

(3) 氧传感器诊断。

(4) 失效后将导致排放超过 OBD 极限的其他排放控制部件或系统,或与计算机相连并与排放有关的动力系统部件或系统。

(5) 任何其他的与排放有关的与 ECU 相连的动力系统传感器和执行器电路连续性检测。

(6)对蒸发排放物的电路诊断。

OBD 系统如图 4-17 所示。

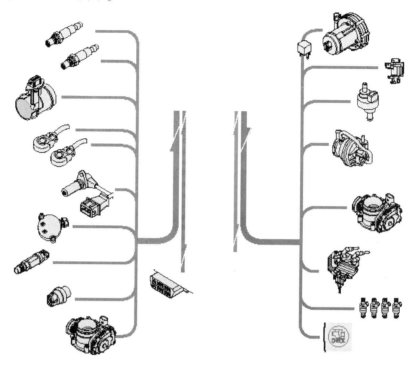

图 4-17　OBD 系统

故障诊断是现代汽车必不可少的一项功能,使用排放诊断的目的主要是为了满足 OBD-Ⅱ、OBD-Ⅲ 或 E-OBD 标准。目前,许多汽车生产厂商都采用 ISO14230(Keyword Protocol 2000)作为诊断系统的通信标准,它满足 OBD-Ⅱ 和 OBD-Ⅲ 的要求。在欧洲,以往诊断系统中使用的是 ISO9141,它是一种基于 UART 的诊断标准,满足 OBD-Ⅱ 的要求。美国的 GM、ForD. DC 公司广泛使用 J1850(不含诊断协议)作为满足 OBD-Ⅱ 的诊断系统的通信标准。但随着 CAN 总线的广泛应用,预计到 2004 年,美国三大汽车公司将对乘用车采用于 CAN 的 J2480 诊断系统通信标准,它满足 OBD-Ⅲ 的通信要求。从 2000 年开始,欧洲汽车厂商已经开始使用一种基于 CAN 总线的诊断系统通信标准 ISO315765,它满足 E-OBD 的系统要求。

目前,汽车的故障诊断主要是通过一种专用的诊断通信系统来形成一套较为独立的诊断网络,ISO9141 和 ISO14230 就是这类技术上较为成熟的诊断标准。而 ISO15765 适用于将车用诊断系统在 CAN 总线上加以实现的场合,从而适应了现代汽车网络总线系统的发展趋势。ISO15765 的网络服务符合基于 CAN 的车用网络系统的要求,是遵照 ISO14230-3 及 ISO15031-5 中有关诊断服务的内容来制订的,因此,ISO15765 对于 ISO14230 应用层的服务和参数完全兼容,但并不限于只用在这些国际标准所规定的场合,因而具有广泛的应用前景。

学习任务 5　动力 CAN 总线控制系统的维修

工作情境描述

一辆一汽大众速腾轿车,已行驶 10 万 km,其仪表上发动机故障指示灯、ABS 故障指示灯、气囊灯常亮。维修人员用诊断仪读到有关动力 CAN 总线的故障码,使用万用表和示波器测量动力 CAN 总线故障。请分析故障原因,更换相关部件后,确认故障已排除。

学习目标

通过本任务学习,应能:
1. 正确维修动力系统 CAN 总线线束。
2. 正确使用万用表测量驱动 CAN 总线。
3. 正确使用示波器测量驱动 CAN 总线。
4. 根据波形图分析故障原因。
5. 准确地排除动力 CAN 总线故障。

学习时间

10 学时。

学习引导

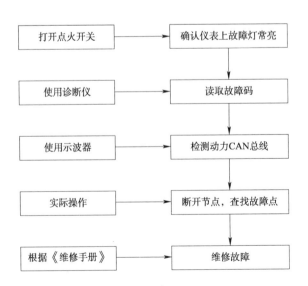

一、知识准备

(一) 车辆的网络结构

1. 大众速腾轿车网络结构

如图 5-1 所示,大众速腾轿车的 CAN-BUS 网络结构,包含了驱动系统 CAN 总线、舒适系统 CAN 总线、信息娱乐系统 CAN 总线、仪表 CAN 总线。

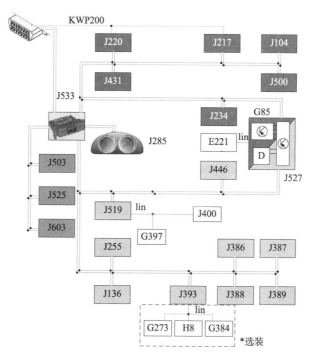

图 5-1 大众速腾 CAN 总线网络图

2. 驱动系统 CAN 总线

如图 5-2 所示,驱动系统 CAN 总线中包含了:

D:起动控制——钥匙。

G85:转向盘转角传感器。

J104:带 EDL 的 ABS 控制单元。

J217:自动变速器控制单元。

J220:发动机控制单元。

J234:安全气囊。

J431:前照灯照程调节控制单元。

J500:电动助力转向控制单元。

J527:转向柱控制单元。

J533:网关控制器。

T16:诊断接口。

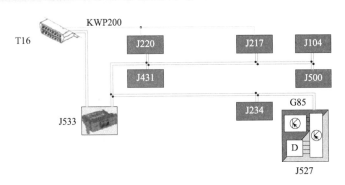

图 5-2 动力系统 CAN 网络结构图

3. CAN-BUS 控制单元位置

如图 5-3 所示为一汽大众速腾动力 CAN-BUS 总线中控制单元的位置图,数据总线的以 500Kb/s 速率传递数据,每一组数据传递大约需要 0.25ms。

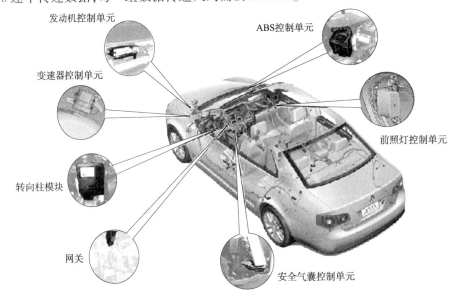

图 5-3 动力 CAN 系统控制单元位置图

(二)大众速腾动力 CAN-BUS 系统原理

每个控制单元有一个处理二进制数据的系统处理器接收和发送的数据在 CAN 控制中转换,形成 CAN 总线的统一语言。由 TX(传输)和 RX(接收)两个阶段组成的接收器会根据相关电压电平上的数据进行信号传输,如图 5-4 所示。单词"transceiver"(接发器)由单词"transmitter"(传输器)和"receiver"(接收器)合成。

当控制单元发送信息时,也会立即读取自身的数据。这意味着控制单元可自检,同时还可确定控制单元是否被"改写"(优先控制)。

如果在 RX 和 TX 阶段之间产生电压电平扰动,在控制单元中匹配的电阻器会提供补偿。

所有在传动系总线中的控制单元有一个匹配的电阻器通过 CAN 缆线串联。发动机控制单元的电阻为 66Ω,所有其他控制单元的电阻为 2600Ω。这意味着总电阻是否达到 60Ω 取决于安装控制的数量。

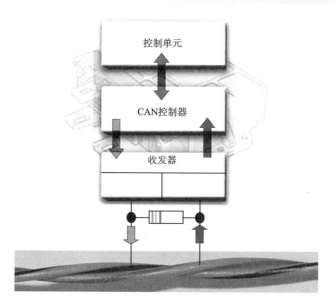

图 5-4　CAN 控制器、收发器

每条在总线上传送的信息的电压电平都在高位和低位之间装载。因此，为了尽量减少对感应电压或电容性电压的干扰，必须有意识地使用更高电流流过缠绕线。

(三)使用万用表测量

如果动力系统 CAN-BUS 总线出现故障，此网络上的控制单元信息将无法正常传递，从而会出现故障指示灯点亮、车辆动力不足或者车辆无法起动。

(1)测量动力系统 CAN-BUS 总线，我们需要发动机线束转接专用工具 VAS1598/39 和 VAG1598/42，如图 5-5、图 5-6 所示。

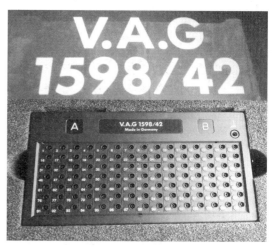

图 5-5　VAS1598/39　　　　　　　图 5-6　V.A.G1598/42

VAS1598/39 中 1 号插头用于连接发动机控制单元，2 号插头用于连接发动机控制单元线束，3 号和 4 号分别对应连接 VAG1598/42 上的 A、B 插座，5 号夹子用于连接接地点。

(2)使用万用表检测动力系统 CAN 总线。将 VAS1598/39、VAG1598/42 与车辆连接好之后，使用万用表在 VAG1598/42 的检测孔中测量动力 CAN 总线的电压。查阅电路图，端子

T94C/68 是 CAN 高线,端子 T94C/67 是 CAN 低线。

高线测得电压约为 2.8V(图 5-7),低线测得的电压约为 2.2V(图 5-8)。万用表的显示值只能反映被测信号的主体信号电压值,不能反映被测信号的每个细节。

(3)用万用表测量终端电阻的值时,首先要断开蓄电池负极,测量 68 号和 67 号孔之间的电阻值为 59.5Ω,如图 5-9 所示。在动力 CAN 总线系统中,所测的 59.5Ω 是各个控制单元中的终端电阻组合在一起的总值。

图 5-7　CAN 高线电压　　　图 5-8　CAN 低线电压　　　图 5-9　终端电阻值

(四)使用示波器测量动力 CAN 总线

使用博世 740 中的数字存储示波器功能进行动力 CAN 总线的波形测量。通道 CH1 测量 CAN 高线,通道 CH2 测量低线。

(1)动力系统 CAN-BUS 总线正常波形图,CH1 通道蓝颜色是 CAN 高线的波形,CH2 通道红颜色是 CAN 低线的波形。动力 CAN 总线的信息传递通过两个逻辑状态"0"和"1"来实现。

逻辑"1":CAN-H(3.6),CAN-L(1.4),差值为 2.2V。

逻辑"0":CAN-H(2.5),CAN-L(2.5),差值为 0V。

CAN 高线的高电平是 3.6V,低电平是 2.5V,电压差为 1.1V。

CAN 低线的高电平是 2.5V,低电平是 1.4V,电压差为 1.1V,如图 5-10 所示。

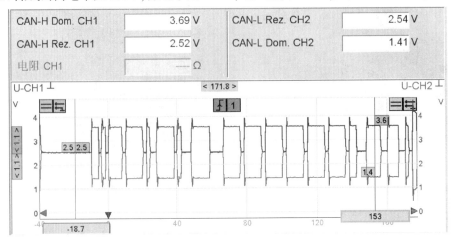

图 5-10　正常动力 CAN 总线波形

动力 CAN 高线信号在总线空闲的时候的电压为 2.5V,总线上的信号传输时总线上的电压值在 2.5~3.6V 之间变换,因此 CAN 高线的主体电压应是 2.5V,所以万用表测的值在 2.5~3.6V 之间,大于 2.5V,但接近 2.5V。

同样,动力 CAN 低线信号在总线空闲的时候的电压为 2.5V,总线上的信号传输时总线上的电压值在 2.5~1.4V 之间变换,因此 CAN 低线的主体电压应是 2.5V,所以万用表测的值在 2.5~1.4V 之间,小于 2.5V,但接近 2.5V。

(2)当动力系统 CAN-BUS 总线的 CAN 高线和 CAN 低线之间发生短路情况,测得的波形如图 5-11 所示。从图中可以看出,CAN 高线和 CAN 低线已经发生重合的现象,两者的电压相同。

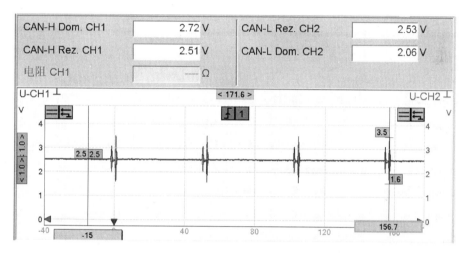

图 5-11　CAN 高线和 CAN 低线之间发生短路

故障原因有控制单元内部出现短路或者线路中出现短路,需要拔掉动力 CAN 总线上的控制单元或者节点,同时观察波形是否变化,当波形恢复正常,则故障点就在断开的部分当中。

(3)当动力系统 CAN-BUS 总线的 CAN 高线发生对车载电源正极短路情况,测得的波形如图 5-12 所示。从图中可以看出,CAN 高线的电压与电源电压相同,CAN 低线的电压接近于电源电压值。

CAN 高线出现对电源正极短路,需要拔掉动力 CAN 总线上的控制单元或者节点,同时观察波形是否变化,当波形恢复正常,则故障点就在断开的部分当中。

(4)当动力系统 CAN-BUS 总线的 CAN 高线发生对搭铁短路情况,测得的波形如图 5-13 所示。从图中可以看出,CAN 高线的电压为 0V,CAN 低线的电压是个波动值,接近于 0V。

CAN 高线出现对电源负极短路,需要拔掉动力 CAN 总线上的控制单元或者节点,同时观察波形是否变化,当波形恢复正常,则故障点就在断开的部分当中。

(5)当动力系统 CAN-BUS 总线的 CAN 低线发生对车载电源正极短路情况,测得的波形如图 5-14 所示。从图中可以看出,CAN 低线的电压与电源电压相同,CAN 高线的电压接近于电源电压值。

CAN 低线出现对电源正极短路,需要拔掉动力 CAN 总线上的控制单元或者节点,同时观察波形是否变化,当波形恢复正常,则故障点就在断开的部分当中。

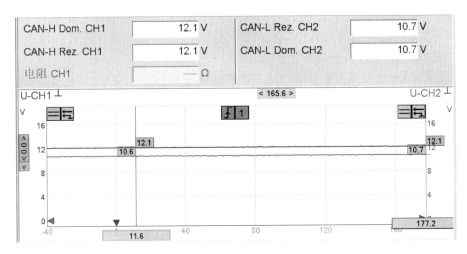

图 5-12　CAN 高线发生对车载电源正极短路

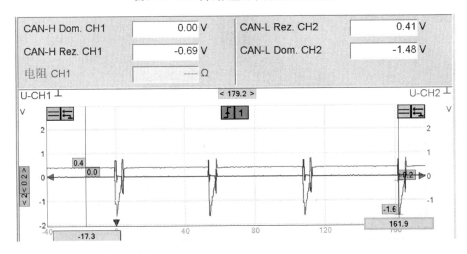

图 5-13　CAN 高线发生对搭铁短路

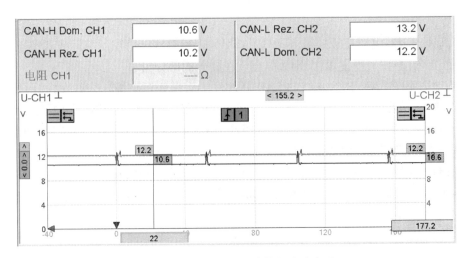

图 5-14　CAN 低线发生对车载电源正极短路

(6)当动力系统 CAN-BUS 总线的 CAN 低线发生对搭铁短路情况,测得的波形如图 5-15 所示。从图中可以看出,CAN 低线的电压为 0V。CAN 高线有个波形,高电平约为 3.0V,低电平为 0.4V,而正常情况下 CAN 高线的高电压平 3.5V,低电平是 2.5V。

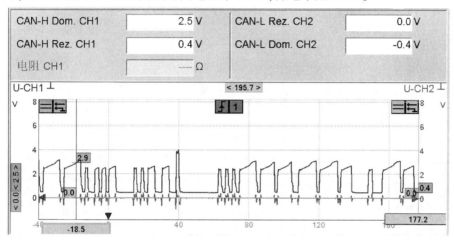

图 5-15　CAN 低线发生对搭铁短路

CAN 低线出现对电源负极短路,需要拔掉动力 CAN 总线上的控制单元或者节点,同时观察波形是否变化,当波形恢复正常,则故障点就在断开的部分当中。

(7)当动力系统 CAN-BUS 总线的 CAN 高线发生断路情况,测的波形如图 5-16 所示。CAN 系统无法正常传输数据。

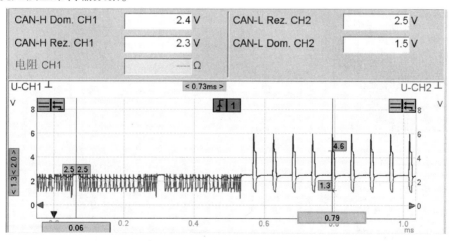

图 5-16　CAN 高线出现断路

(8)当动力系统 CAN-BUS 总线的 CAN 低线发生断路情况,测的波形如图 5-17 所示。CAN 系统无法正常传输数据。

(五)动力 CAN 总线系统故障自诊断

对于速腾轿车动力 CAN 总线系统故障,可在通过诊断仪 VAS6150 读取到关于 CAN 总线的故障码,根据故障码进行逻辑判断。再结合万用表、数字存储示波器测量的结果进行判断。

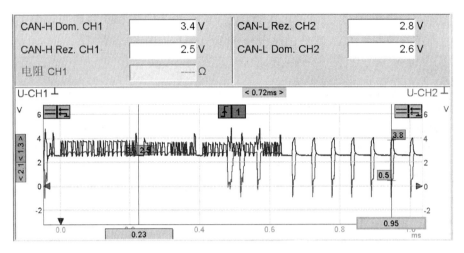

图 5-17　CAN 低线出现断路

二、任务实施

项目 1　测量大众速腾轿车动力 CAN 总线系统中控制单元的终端电阻值

1. 项目说明

测量速腾轿车动力 CAN 总线终端电阻类型。

2. 技术标准与要求

(1) 每个学员独立完成此项目。

(2) 测量电阻的注意事项。

3. 设备器材

(1) 大众速腾轿车一辆。

(2) 万用表。

(3) 套装工具。

4. 作业准备

(1) 关闭点火开关。

(2) 打开发动机舱盖。

(3) 铺上汽车检修用翼子板布。

(4) 断开蓄电池的负极。

(5) 准备作业单。

5. 操作步骤

(1) 分别拔下发动机控制单元插头、变速器控制单元插头、ABS 控制单元插头、电动助力控制单元插头、转向柱控制单元插头。

(2) 测量控制单元上 CAN 高线和 CAN 低线端子之间的电阻值。

6. 记录与分析

将所测的电阻值填写在记录分析表(表5-1)中。

记录分析表　　　　　　　　　　　　　　　表5-1

名称	发动机控制单元	变速器控制单元	ABS控制单元	电动助力控制单元	网关
电阻值					

项目2　用示波器测量大众速腾轿车动力CAN总线的波形图

1. 项目说明

一辆大众速腾轿车,已行驶8万km,其仪表上ABS故障指示灯、驱动防滑故障指示灯常亮。

2. 技术标准与要求

(1)每个学员独立完成此项目。

(2)测量CAN总线波形。

3. 设备器材

(1)大众速腾轿车一辆。

(2)示波器。

(3)套装工具。

4. 作业准备

(1)打开点火开关。

(2)打开发动机舱盖。

(3)铺上汽车检修用翼子板布。

(4)准备作业单。

(5)开启示波器。

5. 操作步骤

(1)使用诊断仪读取故障码。

(2)使用示波器测量动力CAN波形。

(3)根据波形分析故障类型。

(4)分析可能故障原因。

(5)排除故障。

6. 记录与分析

(1)在下面的方框中绘出所测的波形图。

(2)记录排除故障的步骤。

项目3 用示波器测量大众迈腾轿车动力CAN总线的波形图

1. 项目说明

测量迈腾轿车的动力CAN波形。

2. 技术标准与要求

(1)每个学员独立完成此项目。

(2)测量CAN总线波形。

3. 设备器材

(1)大众迈腾轿车一辆。

(2)示波器。

(3)套装工具。

4. 作业准备

(1)打开点火开关。

(2)打开发动机舱盖。

(3)铺上汽车检修用翼子板布。

(4)准备作业单。

(5)开启示波器。

5. 操作步骤

(1)使用诊断仪读取故障码。

(2)使用示波器测量动力CAN波形。

6. 记录与分析

(1)在下面方框中绘出正常波形。

(2)在下面方框中绘出 CAN 高线与 CAN 低线短路波形。

(3)在下面方框中绘出 CAN 高线对正极短路波形。

(4) 在下面方框中绘出 CAN 高线对搭铁短路波形。

(5) 在下面方框中绘出 CAN 低线对正极短路波形。

(6)在下面方框中绘出 CAN 低线对搭铁短路波形。

(7)在下面方框中绘出 CAN 高线断路波形。

(8)在下面方框中绘出CAN低线断路波形。

三、学习评价

(一)分析题

(1)简述排除动力CAN总线故障的方法。

(2)速腾CAN低线对地短路与其他类型的故障有什么区别?

(二)选择题

(1)动力CAN总线的高线的显性电压是( )。

    A.5V   B.2.5V   C.0V   D.3.5V

(2)使用万用表测得的动力CAN总线电压值是( )。

    A.显性电压值   B.隐性电压值

    C.平均电压   D.电压差值

(3)万用表可以测量动力CAN总线的( )。

    A.电阻   B.电压   C.电流   D.电容

四、拓展学习

控制单元中的终端电阻

高速总线连接的CAN物理接口通常采用ISO11898标准。该标准规定传输介质为两个总线导线,两个终端电阻都规定为120Ω。但并非所有厂家均采用ISO11898标准,在大众速腾轿车的动力传动系统CAN数据总线上,数据导线端部没有安装CAN规范中规定的两个120Ω终端电阻。而是发动机管理系统控制单元内一个电阻值为66Ω的中央电阻承担,动力传动系统总线上的其余控制单元内各有一个高阻值电阻,每个电阻都为2.6kΩ,如图5-18所示。因为控制系统内的电阻并联连接,所以可以按以下方式计算负荷电阻的总电阻值。

$$R_{\text{ges}} = \frac{1}{R1} + \frac{1}{R2} + \frac{1}{R3} + \frac{1}{R4} = \frac{1}{2600} + \frac{1}{2600} + \frac{1}{2600} + \frac{1}{66} = 61.35(\Omega)$$

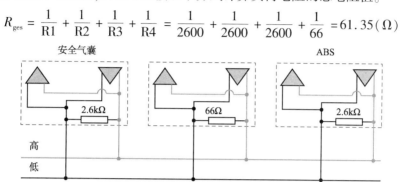

图5-18　控制单元中的终端电阻

学习任务 6　舒适 CAN 总线控制系统的维修

工作情境描述

一辆一汽大众速腾轿车,其右前门窗玻璃无法升降,维修人员用诊断仪读取到有关舒适 CAN 总线的故障码,使用万用表和示波器测量舒适 CAN 总线故障。请分析故障原因,更换相关部件后,确认故障已排除。

学习目标

通过本任务学习,应能:
1. 正确维修舒适系统 CAN 总线线束。
2. 正确使用万用表测量舒适 CAN 总线。
3. 正确使用示波器测量舒适 CAN 总线。
4. 根据波形图分析故障原因。
5. 准确地排除舒适 CAN 总线故障。

学习时间

10 学时。

学习引导

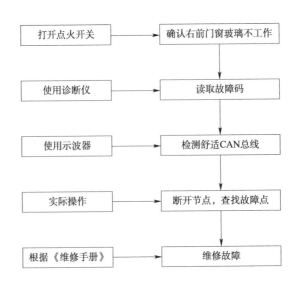

一、知识准备

（一）车辆的网络结构

1. 大众速腾轿车网络结构图

速腾轿车的 CAN-BUS 网络结构如图 6-1 所示，其中包含了驱动系统 CAN 总线、舒适系统 CAN 总线、信息娱乐系统 CAN 总线、仪表 CAN 总线。

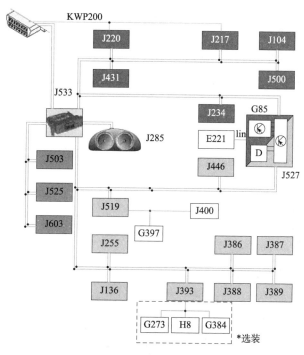

图 6-1　大众速腾 CAN 总线网络图

2. 舒适系统 CAN 总线

如图 6-2 所示，舒适系统 CAN 总线中包含了：

D：起动控制——钥匙。

E221：多功能转向盘（MFL）。

G273：内部监控传感器。

G384：车辆倾斜传感器。

G397：雨滴 + 光强传感器。

H8：报警喇叭。

J136：座椅位置记忆控制单元。

J255：空调控制单元。

J386、J387、J388、J389：车门控制单元。

J393：舒适系统控制单元。

J400：刮水器电动机控制单元。

J446：停车辅助控制单元。

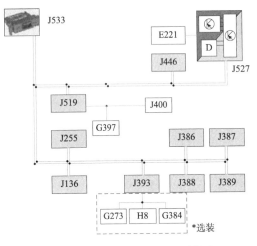

图 6-2 舒适系统 CAN 网络结构图

J519:中央电器系统控制单元。

J527:转向柱开关模块。

J533:网关。

3. 舒适 CAN 系统控制单元位置

如图 6-3 所示为一汽大众速腾舒适 CAN-BUS 总线中控制单元的位置图,数据总线的以 100Kb/s 速率传递数据,每一组数据传递大约需要 1ms。

(二)大众速腾舒适 CAN-BUS 系统原理

舒适 CAN 总线的传输速率达到 100Kb/s,是为了使低速 CAN 总线抗干扰能力强且电流消耗低。由于使用了单独的功率放大器,这两个 CAN 信号就不再有彼此的依赖关系,也就是不论是 CAN 高线还是 CAN 低线单独断路,舒适 CAN 总线系统不受影响。舒适 CAN 总线的高线和低线之间没有终端电阻,即高低线之间不再受彼此的影响,而是彼此之间独立工作,如图 6-4 所示。

图 6-3 舒适 CAN 系统控制单元位置图

舒适系统的 CAN-BUS 信号和驱动系统有很大区别,如图 6-5 所示。

CAN-H 的高电平:3.6V。

CAN-H 的低电平:0V。

CAN-L 的高电平: 5V。

CAN-L 的低电平:1.4V。

逻辑"1":CAN-H(3.6V),CAN-L(1.4V)。

逻辑"0":CAN-H(0V),CAN-L(5V)。

(三)使用万用表测量

高线测得电压约为 1.0V(图 6-6),低线测得的电压约为 3.6V(图 6-7)。万用表的显示值只能反映被测信号的主体信号电压值,不能反映被测信号的每个细节。

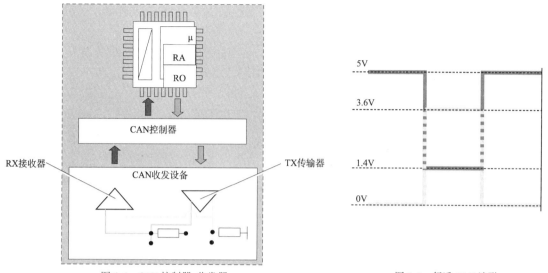

图 6-4　CAN 控制器、收发器　　　　　图 6-5　舒适 CAN 波形

图 6-6　CAN 高线电压

图 6-7　CAN 低线电压

用万用表测量终端电阻的值时,舒适系统高低线的电阻为无穷大。如图 6-8 所示。

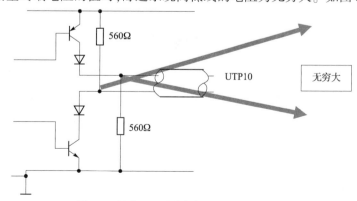

图 6-8　舒适 CAN 总线高低线之间电阻无穷大

(四)使用示波器测量动力 CAN 总线

使用博世 740 中的数字存储示波器功能进行舒适 CAN 总线的波形测量。通道 CH1 测量 CAN 高线,通道 CH2 测量低线。

(1)舒适系统 CAN-BUS 总线正常波形图,CH1 通道蓝颜色是 CAN 高线的波形,CH2 通道红颜色是 CAN 低线的波形,如图 6-9 所示。舒适 CAN 总线的信息传递通过两个逻辑状态"0"和"1"来实现。

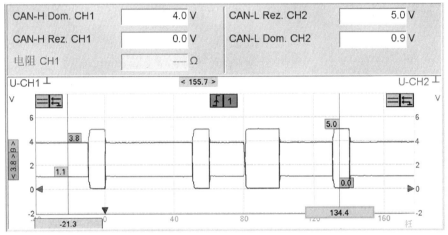

图 6-9　正常舒适 CAN 总线波形

舒适 CAN 高线信号在总线空闲的时候高线电压为 0V。总线上的信号传输时总线上高线电压值在 0~3.8V 之间变换。因此 CAN 低线的主体电压应是 0V,CAN 所以万用表测的值在 0~3.6V 之间,大于 0V,但接近 0V。

同样,舒适 CAN 低线信号在总线空闲的时候的电压为 5V,总线上的信号传输时总线上的电压值在 5~1.1V 之间变换,因此 CAN 低线的主体电压应是 5V,所以万用表测的值在 5~1.1V 之间,小于 5V,但接近 5V。

(2)当舒适系统 CAN-BUS 总线的 CAN 高线和 CAN 低线之间发生短路情况,测得的波形如图 6-10 所示。从图中可以看出,CAN 高线和 CAN 低线已经发生重合的现象,两者的电压相同。

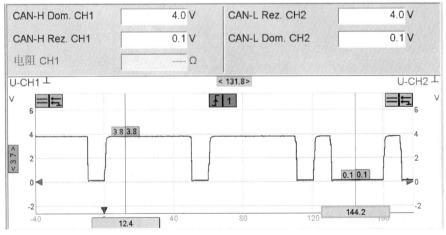

图 6-10　CAN 高线和 CAN 低线之间发生短路

故障原因有控制单元内部出现短路或者线路中出现短路,需要拔掉舒适 CAN 总线上的控制单元或者节点,同时观察波形是否变化,当波形恢复正常,则故障点就在断开的部分当中。

(3)当舒适系统 CAN-BUS 总线的 CAN 高线发生对车载电源正极短路情况,测得的波形如图 6-11 所示。从图中可以看出,CAN 高线的电压与电源电压相同,CAN 低线正常传递数据。

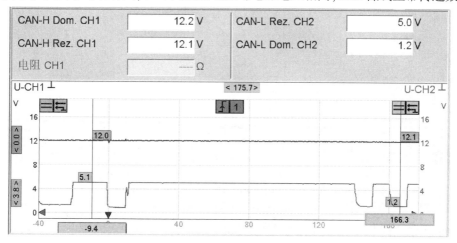

图 6-11　CAN 高线发生对车载电源正极短路

CAN 高线出现对电源正极短路,需要拔掉舒适 CAN 总线上的控制单元或者节点,同时观察波形是否变化,当波形恢复正常,则故障点就在断开的部分当中。

(4)当舒适系统 CAN-BUS 总线的 CAN 高线发生对搭铁短路情况,测得的波形如图 6-12 所示。从图中可以看出,CAN 高线的电压为 0V,CAN 低线的正常传递数据。

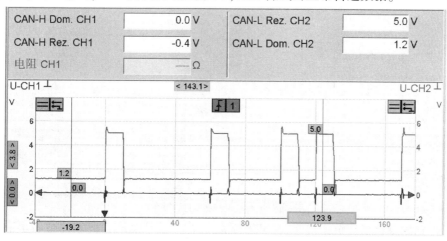

图 6-12　CAN 高线发生对搭铁短路

CAN 高线出现对电源负极短路,需要拔掉舒适 CAN 总线上的控制单元或者节点,同时观察波形是否变化,当波形恢复正常,则故障点就在断开的部分当中。

(5)当舒适系统 CAN-BUS 总线的 CAN 低线发生对车载电源正极短路情况,测得的波形如图 6-13 所示。从图中可以看出,CAN 低线的电压与电源电压相同,CAN 高线正常传输数据。

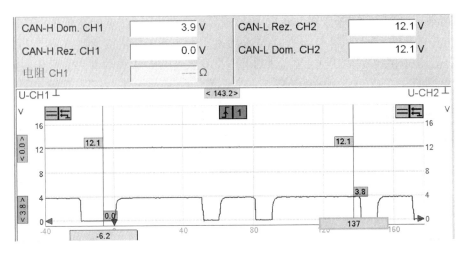

图6-13　CAN低线发生对车载电源正极短路

　　CAN低线出现对电源正极短路,需要拔掉动力CAN总线上的控制单元或者节点,同时观察波形是否变化,当波形恢复正常,则故障点就在断开的部分当中。

　　(6)当舒适系统CAN-BUS总线的CAN低线发生对搭铁短路情况,测得的波形如图6-14所示。从图中可以看出,CAN低线的电压为0V。CAN高线正常传输数据。

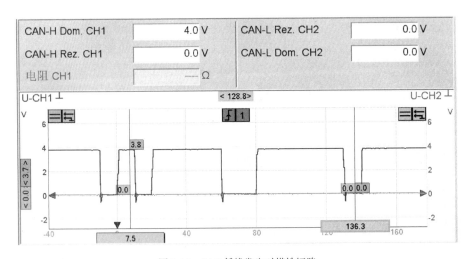

图6-14　CAN低线发生对搭铁短路

　　CAN低线出现对电源负极短路,需要拔掉动力CAN总线上的控制单元或者节点,同时观察波形是否变化,当波形恢复正常,则故障点就在断开的部分当中。

　　(五)舒适CAN总线系统故障自诊断

　　观察上面的波形图可以发现,这些故障类型中都会有一条线能正常传输数据,则控制单元就能够正常的交换信息,不会对控制单元的功能造成影响,也就不会有明显的故障现象。但是,可以通过诊断仪VAS6150读取到关于舒适CAN总线的故障码,根据故障码进行逻辑判断。再结合万用表、数字存储示波器测量的结果进行判断。

二、任务实施

项目1　排除速腾轿车右前门窗不能升降的故障

1. 项目说明

一辆大众速腾轿车,右前门玻璃不能升降,已经检查右前车门控制单元电源正常,进一步检查发现右前车门铰链处的线束在长时间使用后,舒适CAN的双绞线发生断路。

2. 技术标准与要求

(1)每个学员独立完成此项目。

(2)测量CAN总线波形。

3. 设备器材

(1)大众速腾轿车一辆。

(2)示波器。

(3)套装工具。

4. 作业准备

(1)铺上车内五件套。

(2)打开发动机舱盖。

(3)铺上汽车检修用翼子板布。

(4)接上充电机。

(5)打开点火开关。

(6)准备作业单。

(7)开启示波器。

5. 操作步骤

(1)使用诊断仪读取故障码。

(2)使用示波器测量舒适CAN波形。

(3)根据波形分析故障类型。

(4)分析可能故障原因。

(5)排除故障。

6. 记录与分析

(1)在下面的方框中绘出所测的波形图。

(2)记录排除故障的步骤。

项目2　用示波器测量大众迈腾轿车舒适CAN总线的波形图

1. 项目说明
测量迈腾轿车的舒适CAN波形。
2. 技术标准与要求
(1)每个学员独立完成此项目。
(2)测量CAN总线波形。
3. 设备器材
(1)大众迈腾轿车一辆。
(2)示波器。
(3)套装工具。
4. 作业准备
(1)铺上车内五件套。
(2)打开发动机舱盖。
(3)铺上汽车检修用翼子板布。
(4)接上充电机。
(5)打开点火开关。
(6)准备作业单。
(7)开启示波器。
5. 操作步骤
(1)使用诊断仪读取故障码。
(2)使用示波器测量舒适CAN波形。
6. 记录与分析
(1)在下面方框中绘出正常波形。

(2)在下面方框中绘出 CAN 高线与 CAN 低线短路波形。

(3)在下面方框中绘出 CAN 高线对正极短路波形。

(4)在下面方框中绘出 CAN 高线对搭铁短路波形。

(5)在下面方框中绘出 CAN 低线对正极短路波形。

(6)在下面方框中绘出 CAN 低线对搭铁短路波形。

(7)在下面方框中绘出 CAN 高线断路波形。

(8) 在下面方框中绘出 CAN 低线断路波形。

三、学习评价

(一)分析题

(1) 简述排除舒适 CAN 总线故障的方法。

(2) 思考舒适 CAN 总线和动力 CAN 总线之间有什么区别?

(二)选择题

(1) 舒适 CAN 低线的显性电压是(　　)。
  A. 5V   B. 2.5V   C. 0V   D. 1.1V

(2) 舒适 CAN 总线的高线的隐性电压是(　　)。
  A. 0V   B. 5V   C. 1.1V   D. 3.8V

(3) 速腾舒适 CAN 的传输速率是(　　)。
  A. 100Kb/s   B. 500Kb/s   C. 150Kb/s   D. 10Kb/s

四、拓展学习

舒适系统 CAN 总线的睡眠模式

当舒适和信息娱乐总线处于空闲状态时,控制单元发送出睡眠命令,当网关监控到所有总线都有睡眠的要求时,进入睡眠模式。如果动力总线仍处于信息传递过程中,舒适和娱乐信息总线是不允许进而睡眠状态,当舒适总线处于信息传递的过程中,娱乐和信息总线也不肯进入睡眠模式。当某一个信息激活相应的总线后,控制单元会激活其他的总线系统。睡眠模式仅存在于舒适、信息总线。所有控制器一同睡眠或唤醒。

车辆落锁 35s 后或不锁车但没任何操作 10min。
睡眠模式 CAN 高线 0V,CAN 低线 12V,如图 6-15 所示。
非睡眠模式电流 700mA;睡眠模式电流 6~8mA。

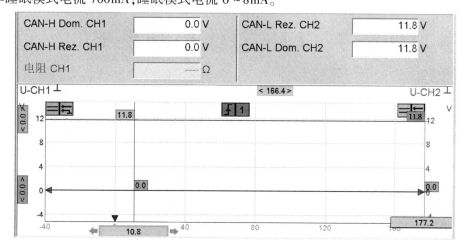

图 6-15　舒适 CAN 休眠波形

学习任务 7　LIN 总线控制系统的维修

工作情境描述

一辆大众速腾轿车,刮水器不能工作,使用万用表和示波器检查 LIN 总线故障。请分析故障原因,维修线束后,确认故障已排除。

学习目标

通过本任务学习,应能:
1. 正确维修 LIN 总线线束。
2. 正确使用万用表测量 LIN 总线。
3. 正确使用示波器测量 LIN 总线。
4. 根据波形图分析故障原因。
5. 准确排除 LIN 总线故障。

学习时间

6 学时。

学习引导

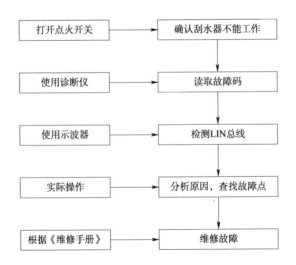

一、知识准备

(一)大众速腾轿车网络结构

LIN 是 Local Interconnect Network 的缩写。Local Interconnect(局域互联)表示所有的控制

单元都装在一个有限的空间内(如车顶),所以它也被称为"局域子系统"。

车上各个LIN总线系统之间的数据交换是由控制单元通过CAN数据总线实现的。LIN总线系统是单线式总线,底色是淡紫色,有标志色(白色)。该线的横截面面积为$0.35mm^2$,无须屏蔽。该系统可让一个LIN主控制单元与最多16个LIN从控制单元进行数据交换。

速腾轿车上的LIN总线运用之处有刮水器电动机、雨滴/光强传感器、报警喇叭、内部监控传感器、倾斜传感器、多功能转向盘,如图7-1所示。

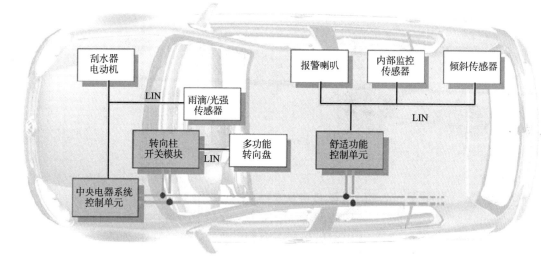

图7-1 速腾LIN总线结构

(二)大众速腾LIN总线系统原理

LIN主控制单元连接在CAN数据总线上,它执行LIN的主功能。其作用有:

(1)监控数据传递和数据传递的速率。

(2)该控制单元的软件内已经设定了一个周期,这个周期用于决定何时将哪些信息发送到LIN数据总线上多少次。

(3)该控制单元在LIN数据总线系统的LIN控制单元与CAN总线之间起"翻译"作用,它是LIN总线系统中唯一与CAN数据总线相连的控制单元。

(4)通过LIN主控制单元进行与之相连的LIN从控制单元的自诊断。

LIN执行元件都是智能型的电子或机电部件,这些部件通过LIN主控制单元的LIN数字信号接受任务。LIN主控制单元通过集成的传感器来获知执行元件的实际状态,然后就可以进行规定状态和实际状态的对比了。在LIN数据总线系统内,单个的控制单元(如新鲜空气鼓风机的)或传感器及执行元件(如水平传感器及防盗警报蜂鸣器)都可看作是LIN从控制单元。传感器内集成有一个电子装置,该装置对测量值进行分析。数值是作为数字信号通过LIN总线传递的。有些传感器和执行元件只使用LIN主控制单元插口上的一个针脚。只有当LIN主控制单元发出标题后,传感器和执行元件才会作出反应。如图7-2所示是速腾LIN总线原理图。

(三)使用万用表测量

使用万用表检测LIN总线。万用表测得电压为约7.2V(图7-3)。同其他CAN总线一样,万用表的显示值只能反映被测信号的主体信号电压值，不能反映被测信号的每个细节。

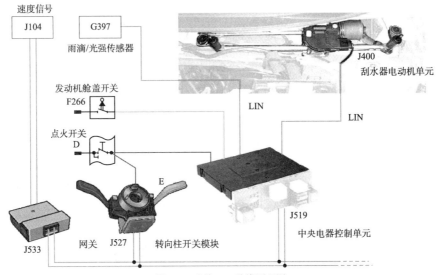

图 7-2　速腾 LIN 总线原理图

图 7-3　LIN 总线电压

（四）使用示波器测量 LIN 总线

使用博世 740 中的数字存储示波器功能进行 LIN 总线的波形测量。车窗控制系统中 LIN 总线正常波形图，如图 7-4 所示。

1. 隐性电平

如果无信息发送到 LIN 数据总线上或者发送到 LIN 数据总线上的是一个隐性信号，那么数据在总线导线上的电压就是蓄电池电压。

2. 显性电平

为了将显性比特传到 LIN 数据总线上，发送控制单元内的收发报机将数据总线导线搭铁。由于控制单元内的收发报机有不同的型号，所以表现出的显性电平是不一样的，如图 7-5 所示。

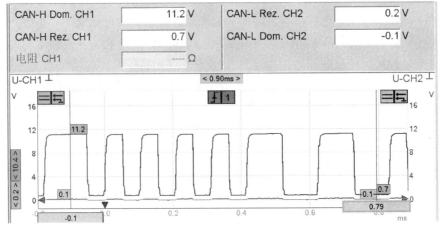

图 7-4　LIN 总线波形

学习任务 7　LIN 总线控制系统的维修

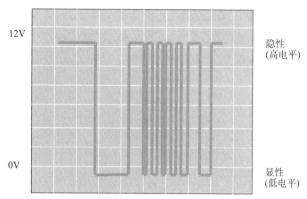

图 7-5　LIN 总线显性、隐性电压

3. 传递安全性

在隐性电平和显性电平的收发时,通过预先设定公差值来保证数据传输的稳定性。为了能在有干扰辐射的情况下仍能收到有效的信号,接收的允许电压值要稍高一些,如图 7-6、图 7-7 所示。

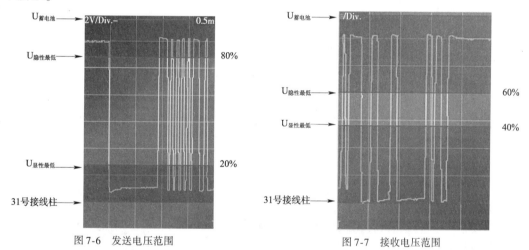

图 7-6　发送电压范围　　　　　　　　图 7-7　接收电压范围

4. 车窗 LIN 总线断路的波形图

如图 7-8 所示是从控制单元端的波形,一直为 4.92V。

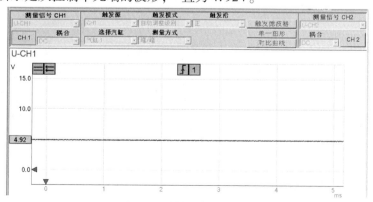

图 7-8　从控制单元端波形

如图 7-9 所示,是主控制单元端的波形,为正常的 LIN 总线波形。

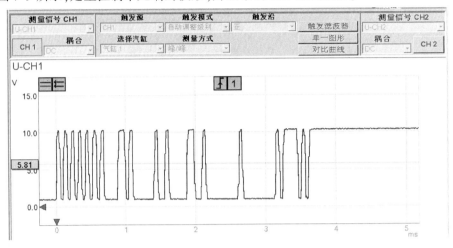

图 7-9　主控制单元端波形

二、任务实施

项目 1　用示波器测量大众速腾轿车刮水器电动机单元 LIN 总线的波形图

1. 项目说明

一辆大众速腾轿车,刮水器不能工作,请查找故障原因,并使用示波器测量刮水器电动机单元 LIN 总线的波形。

2. 技术标准与要求

(1) 每个学员独立完成此项目。

(2) 测量 LIN 总线波形。

(3) 测量时请将发动机舱盖锁扣置于锁止位置。

3. 设备器材

(1) 大众速腾轿车一辆。

(2) 示波器。

(3) 套装工具。

4. 作业准备

(1) 打开点火开关。

(2) 打开发动机舱盖。

(3) 铺上汽车检修用翼子板布。

(4) 准备作业单。

(5) 开启示波器

5. 操作步骤

(1) 使用诊断仪读取故障码。

(2) 使用示波器测量 LIN 总线波形。

(3)根据波形分析故障类型。
(4)分析可能故障原因。
(5)排除故障。
6.记录与分析
(1)在下面的方框中绘出所测的波形图。

(2)记录排除故障的步骤。

项目2　观察断开大众迈腾轿车车门控制单元LIN总线的现象

1.项目说明
测量迈腾轿车的车门控制单元LIN总线波形。
2.技术标准与要求
(1)每个学员独立完成此项目。
(2)测量车门控制单元LIN总线波形。

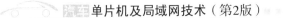

3. 设备器材

(1) 大众迈腾轿车一辆。

(2) 示波器。

(3) 套装工具。

4. 作业准备

(1) 打开点火开关。

(2) 打开发动机舱盖。

(3) 铺上汽车检修用翼子板布。

(4) 准备作业单。

(5) 开启示波器。

5. 操作步骤

使用示波器测量车门控制单元 LIN 波形。

6. 记录与分析

在下面的方框中绘出正常波形。

三、学习评价

(一) 分析题

(1) 简述动力 CAN 总线和 LIN 总线的区别。

(2) LIN 总线会休眠吗?

(二) 选择题

(1) LIN 总线的传输速率是( )。

    A. 100Kb/s   B. 500Kb/s   C. 20Kb/s   D. 10Kb/s

(2)一个 LIN 主控制单元与最多(　　)个 LIN 从控制单元进行数据交换。
　　A.15　　　　　B.16　　　　　　C.17　　　　　D.不限数量
(3)信息标题包含(　　)几个部分。
　　A.同步暂停区　　　　　　　　　B.同步分界区
　　C.同步区　　　　　　　　　　　D.识别区

四、拓展学习

时钟系统中的 LIN 总线

迈腾仪表台上的时钟使用了 LIN 总线与仪表进行通信,如图 7-10 所示。仪表作为主控制器,在点火开关开启的状态下传输显示时间,时间通过仪表进行调节。数值通过仪表循环发送。

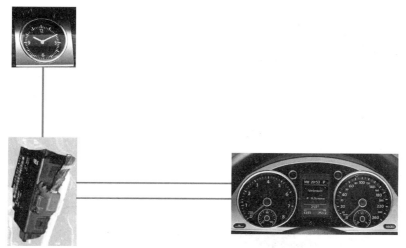

图 7-10　时钟 LIN 总线连接

LIN 总线上的模拟时钟是接收器,它的用途是只要发送信息,时钟将持续不断的同步显示。

若没有接到总线信息,它将继续由石英控制运行。再次发送信息,模拟时钟将对比内部时间和传输的显示时间,并有可能启动一个同步。

学习任务 8 MOST 总线控制系统的维修

工作情境描述

一辆奥迪 A6L 轿车,多媒体 MMI 系统无法工作。维修技师使用诊断仪对系统进行检查,发现故障在光纤系统。请分析故障原因,更换相关部件后,确认故障已排除。

学习目标

通过本任务学习,应能:
1. 掌握光纤系统的结构组成。
2. 正确检查光纤系统。
3. 正确维修光纤。
4. 准确地排除光纤故障。

学习时间

4 学时。

学习引导

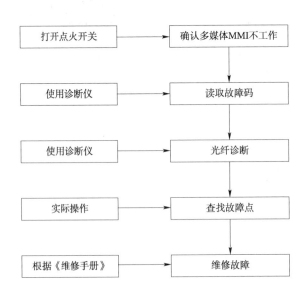

一、知识准备

(一)车辆的网络结构

MOST 为 Media Oriented Systems Transport 的缩写,意为媒体定向系统传输。

MOST 总线是一种光学总线,通过光纤以光信号的形式传输数据。MOST 总线对于电磁的辐射不敏感,信号干扰小。数据传输率最高可达 21.2Mb/s,适合信息娱乐系统方面的应用,如图 8-1 所示。各个控制单元以环形方式布置在 MOST 总线上,如果控制单元或光纤发生故障,总线系统无法再进行数据传输。

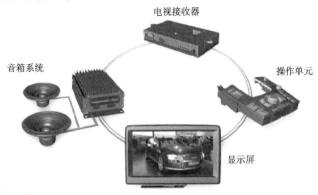

图 8-1 娱乐系统中的光纤

(二) 环断裂诊断

1. 系统失灵的原因
(1) 仪器内无电压供给。
(2) 环断裂(光缆挤压、偏转或者插头未插)。
(3) 光缆老化。
(4) 发射器二极管或接收器二极管损坏。

2. 环形中断的影响
(1) 音频和视频播放终止。
(2) 通过多媒体操纵单元无法控制和调整。
(3) 诊断管理器的故障存储器中存有故障"光纤数据总线断路"。

3. 评估环断裂位置
为了评估在什么位置发生环断裂(图 8-2),需要下列数据:
(1) 安装列表。
(2) 环断裂诊断答复。

(三) 信号衰减增大的环形中断诊断

诊断管理器的执行元件诊断还有一项功能,就是通过降低光功率来进行环形中断诊断,用于识别增大的信号衰减。通过降低光功率来进行环形中断诊断,其过程与上述是相同的。但有一点是不同的:即控制单元接通光导发射器内的发光二极管时有 3dB/m 的光波衰减,也就是说光功率降低了一半。如果光导纤维信号衰减增大,那么到达接收器的光信号就会非常弱,接收器会报告"光学故障",如图 8-3 所示。

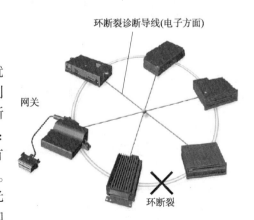

图 8-2 环断裂

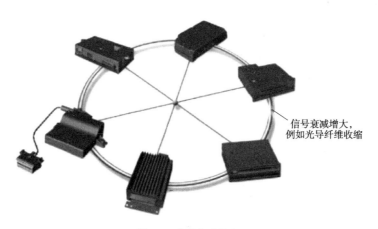

图 8-3　信号衰减增大

（四）MOST 总线故障案例

有一辆奥迪 A6L 轿车多媒体系统无法打开，技师使用诊断仪对车辆进行检查，在网关中查到无法与 MOST 总线系统中的控制单元通信，并且显示有关于光纤环路断路的故障记录。继续使用诊断仪对网关进行光纤环路断路诊断，发现光纤环路故障诊断和光波衰减 3dB/m 断环诊断均无法进行，说明故障在光纤系统。

经分析，故障可能是由于在光纤系统中的某个控制单元不能正常工作而导致光信号不能正常传输，造成整个系统无法打开。其可能原因有：

（1）环路断开诊断线路中存在搭铁短路。

（2）有故障的控制单元导致环路断开诊断线路接搭铁。

（3）在环路断开诊断线路中存在对正极短路。

使用诊断仪的车环路中导线测量。先断开音响控制单元，测量其环路中断诊断导线的电压，发现环路中诊断导线与搭铁之间的电压为 13.5V（标准为 5V）。说明环路中断诊断导线中存在的正极短路的故障。

对 MOST 总线上的控制单元逐个断开，当断开前部信息控制单元时，分析环路中诊断导线的电压降到了 5V，所以故障是由前部信息控制单元内部对正极短路造成。

更换前部信息控制单元后，故障消失，多媒体系统 MMI 恢复正常。

二、任务实施

项目　使用专用工具 VAS6223A 修复光纤插头

1. 项目说明

一辆奥迪 A6L 轿车，由于光纤插头损坏，导致 MMI 系统无法正常工作，需要对其进行修复。

2. 技术标准与要求

（1）每个学员独立完成此项目。

（2）严格按照维修步骤及要求维修光纤插头。

3.设备器材
(1)奥迪 A6L 轿车一辆。
(2)专用工具 VAS6223A。
(3)套装工具。

4.作业准备
(1)《维修手册》。
(2)拆下车辆内饰板。

5.操作步骤
(1)拔下光纤插头。
(2)剪切光纤。
(3)高精度剪切光纤。
(4)安装铜套。
(5)夹紧铜套。
(6)安装插头。

6.记录与分析
记录维修的步骤和操作难点。

_____
_____
_____
_____
_____
_____
_____
_____

三、学习评价

(一)分析题
(1)简述动力 CAN 总线 MOST 总线的区别。
(2)MOST 总线的收发机由发射机和接收机组成,两者的作用分别是什么?

(二)选择题
(1)光纤数据传速率最高可达(　　)。
　　A. 21.2Mb/s　　　B. 1.2Mb/s　　　C. 12.2Mb/s　　　D. 22.1Mb/s
(2)对切割光导纤维的断面要求(　　)。
　　A. 光滑　　　　　B. 垂直　　　　　C. 清洁　　　　　D. 无要求
(3)MOST 总线系统中,产生的光波波长为(　　)。
　　A. 560nm　　　　B. 500nm　　　　C. 650nm　　　　D. 600nm

四、拓展学习

光纤插头维修

大众系列光纤维修专用工具 VAS6223A 如图 8-4 所示。

维修步骤如下：

（1）粗略预切割光纤电缆（侧边切割功能），为切割向的后续（精度切割）工作而备用，如图 8-5 所示。

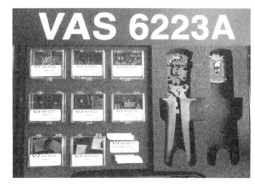 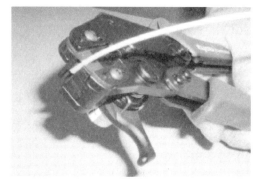

图 8-4　专用工具 VAS6223A　　　　　　　　图 8-5　预切剖光纤电缆

（2）将光纤电缆放在剥除绝缘外壳器的缺口里并且剥除绝缘外壳（橙色外壳），严禁弯折或夹住光纤电缆，如图 8-6 所示。

（3）将光纤电缆放入夹钳（注意适用于外部外壳的缺口，参见箭头）并闭合夹钳，如图 8-7 所示。

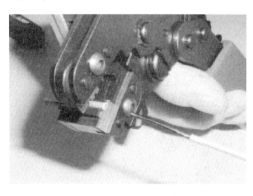 

图 8-6　将光纤电缆剥除绝缘外壳　　　　　　图 8-7　将光纤电缆放入夹钳

（4）用切割轮切割光缆（精度切割）。为了避免折断光缆，切割速度不要太快，如图 8-8 所示。

（5）用第一个钳加工得到一根干净定长的、带光滑切割面的光纤电缆。铜制压紧套件放到第二个夹钳里，压紧套件不可以歪斜，如图 8-9 所示。

（6）放上压紧锁止件，如图 8-10 所示。

（7）将已剥除绝缘外壳的光纤电缆插入压紧套件中，直到感受到很小的弹力为止。如图 8-11 所示。

图 8-8 切割电缆

图 8-9 压紧套件

图 8-10 放上压紧锁止件

图 8-11 将光纤电缆插入压紧套中

(8)压紧前检查夹钳是否在位置"C"(压紧力度),位置无误后再压紧,如图 8-12 所示。

(9)接着检查黄铜轴套是否稍微在光缆前,如图 8-13 所示。

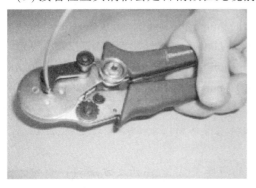

图 8-12 压紧

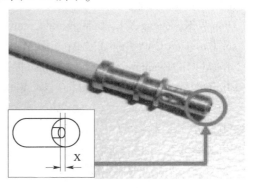

图 8-13 检查黄铜套是否在光缆前

参考文献

[1] (德) Staudt, Bierschenk, Tomala. 汽车机电技术(三)[M]. 北京,机械工业出版社, 2009.

[2] 黄万友,程勇,纪少波,等. 基于CAN总线的纯电动汽车动力总成试验台测控系统的开发[J]. 汽车工程,2012,34(03):266-271.

[3] 王熠,何洪文,张颖琦,等. 基于CAN网络的混合动力汽车硬件在环仿真平台[J]. 北京理工大学学报,2011, 31(5):524-527.

[4] 刘应吉,张天侠,闻邦椿,等. 基于CAN总线的发动机PSA故障诊断系统[J]. 东北大学学报(自然科学版),2008,29(02):254-257.

[5] Ismail K, Muharam A, Pratama M. Design of CAN Bus for Research Applications Purpose Hybrid Electric Vehicle Using ARM Microcontroller[J]. Energy Procedia, 2015, 68:288-296.

[6] Salcianu M, Fosalau C. A new CAN diagnostic fault simulator based on UDS protocol[C]//Electrical and Power Engineering (EPE), 2012 International Conference and Exposition on. IEEE, 2012:820-824.

[7] Piao C H, Chen L, Cao, J. A Design For Controller Area Network Bus Real-Time Monitoring System[C]// Computer Science and Network Technology (ICCSNT), 2011 International Conference on(Volume:3). 2011:1621-1624.

[8] Zhu X Y, Zhang H, Cao D P, Fang Z D. Robust control of integrated motor-transmission powertrain system over controller area network for automotive applications[J]. Mechanical Systems & Signal Processing, 2015, 58:15-28.

[9] Qian W K, Zheng X L. Design and Creation of the Automatic Data Testing Tools for Smart Sensor Based on CAN Bus[J]. Applied Mechanics & Materials, 2014, 556-562:2948-2952.

[10] Keskin U. Evaluating Message Transmission Times in Controller Area Network (CAN) without Buffer Preemption Revisited[C]// Vehicular Technology Conference, 1988, IEEE 38th. 2013:1-5.

[11] 蔚晓丹. 基于改进D-S信息融合方法的发动机故障诊断[J]. 公路交通科技,2012,v.29;No.20109:146-151.

[12] 刘玺斌,马建,宋青松. 基于AUTOSAR规范的汽车ECU软件开发方法[J]. 长安大学学报(自然科学版), 2013,33(3):76-80.

[13] 张国胜,王书举. 基于数据压缩的车身CAN网络优化调度设计[J]. 汽车工程,2015,37(08):980-984.

[14] 王剑,张子键,袁坚. 应用于CAN总线的广播认证系统[J]. 北京邮电大学学报,2015,38(04):24-27.

[15] 方文,马煜琛,李臻,等. 基于UEGO信号电平检测汽油机异常燃烧的研究[J]. 甘肃农业大学学报,2017,52(04):188-192.

[16] 方文. 基于大众1.8T独立电子点火系统的诊断测试与分析[J]. 小型内燃机与摩托车,

2013,42(02):71-75.
[17] 方文.标致408的多路传输系统故障诊断测试与分析[J].西华大学学报(自然科学版),2013,32(01):60-62,112.
[18] 方文.动力传动系统CAN数据总线的诊断测试与分析[J].公路与汽运,2012(05):28-31.
[19] 刘鸿健.汽车单片机与车载网络技术[M].北京,化学工业出版社,2011.
[20] 廖向阳,黄鹏.车载网络系统检修[M].北京:人民交通出版社,2011.
[21] 刘春晖,张文,刘宝君.跟我学汽车电脑检修[M].北京:机械工业出版社,2013.
[22] 龚威,范文,潘雷.现代楼宇自动控制技术[M].北京:清华大学出版社,2012.

人民交通出版社汽车类高职教材部分书目

1. 高职高专工学结合课程改革规划教材

书 号	书 名	作 者	定 价	出版时间	课 件
978-7-114-09233-6	机械制图	李永芳、叶 钢	36.00	2014.07	有
978-7-114-11239-3	●汽车实用英语（第二版）	马林才	38.00	2016.01	有
978-7-114-10595-1	汽车结构与拆装技术（上册）	崔选盟	55.00	2015.01	有
978-7-114-11712-1	汽车结构与拆装技术（下册）	周林福	59.00	2014.12	有
978-7-114-11741-1	汽车使用与维护	王福忠	38.00	2015.11	有
978-7-114-09499-6	汽车维修企业管理基础	刘 焰、田兴强	30.00	2015.07	有
978-7-114-09425-5	服务礼仪	刘建伟、郭 玲	21.00	2015.06	有
978-7-114-09368-5	发动机机械系统检测诊断与修复	吕 坚、陈文华	26.00	2013.12	有
978-7-114-10301-8	汽油发动机电控系统检测诊断与修复	陈文华、吕 坚	20.00	2013.04	有
978-7-114-10055-0	柴油发动机电控系统检测诊断与修复	杨宏进、韦 峰	24.00	2012.12	有
978-7-114-09588-7	汽车传动系统检测诊断与修复	秦兴顺、刘 成	28.00	2016.07	有
978-7-114-09497-2	汽车行驶、转向和制动系统检测诊断与修复	宋保林	23.00	2016.01	有
978-7-114-09385-2	汽车电路和电子系统检测诊断与修复	彭小红、陈 清	29.00	2014.12	有
978-7-114-09245-9	汽车保险与理赔	陈文均、刘资媛	23.00	2014.01	有
978-7-114-09887-1	汽车维修服务接待	王彦峰、杨柳青	25.00	2016.02	有
978-7-114-09745-4	客户沟通技巧与投诉处理	韦 峰、罗 双	24.00	2016.05	有
978-7-114-09225-1	汽车维修服务企业管理软件使用	阳小良 、廖明	30.00	2011.07	有
978-7-114-09603-7	汽车车身构造与修复	李远军、陈建宏	38.00	2013.09	有
978-7-114-09613-6	事故汽车核损与理赔	荆叶平	35.00	2012.03	有
978-7-114-09259-6	保险法律法规与保险条款	曹云刚、彭朝晖	30.00	2016.07	有
978-7-114-11150-1	道路交通事故现场查勘与定损	侯晓民、彭晓艳	26.00	2014.04	有
978-7-114-09254-1	机动车保险专用软件使用	彭晓艳、廖 明	40.00	2011.08	有

2. 高等职业教育"十二五"规划教材

书 号	书 名	作 者	定 价	出版时间	课 件
978-7-114-10280-6	汽车零部件识图	易 波	42.00	2014.1	有
978-7-114-09635-8	汽车电工电子	李 明、周春荣	39.00	2012.07	有
978-7-114-10216-5	汽油发动机构造与维修	刘 锐	49.00	2016.08	有
978-7-114-09356-2	汽车底盘构造与维修	曲英凯、刘利胜	48.00	2015.07	有
978-7-114-09988-5	汽车维护（第二版）	郭远辉	30.00	2014.12	有
978-7-114-11240-9	●车载网络系统检修（第三版）	廖向阳	35.00	2016.02	有
978-7-114-10044-4	汽车车身修复技术	李大光	24.00	2016.01	有
978-7-114-12552-2	汽车故障诊断技术	马金刚、王秀贞	39.00	2015.12	有
978-7-114-09601-3	汽车营销实务	史 婷、张宏祥	26.00	2016.05	有
978-7-114-13679-5	新能源汽车技术（第二版）	赵振宁	38.00	2017.03	有
978-7-114-08939-8	AutoCAD 辅助设计	沈 凌	25.00	2011.04	有
978-7-114-13068-7	汽车底盘电控系统检修	蔺宏良、张光磊	38.00	2016.08	有
978-7-114-13307-7	汽车发动机电控系统检修	彭小红、官海兵	35.00	2016.1	有

●为"十二五"职业教育国家规划教材
咨询电话：010-85285962；010-85285977. 咨询QQ：616507284；99735898